{ 先輩たちの情報から再現！ }

CAB
キャブ
・
GAB
ギャブ
完全対策

2026
年度版

はじめに

　本書では，「**CAB（キャブ）**」と「**GAB（ギャブ）**」と呼ばれる適性検査の再現問題を掲載しています。

　これらの適性検査は，もともと特定の業界・職種向けに作成されたものですが，今では幅広い業界で実施されています。

　本書では，これらの適性検査の効果的な対策ができるよう，**実際の設問と同じ種類，同じ難易度を再現しました。設問数もなるべく多く再現しています。**

　ぜひとも，時間を計って設問に挑み，自分の実力を試してみてください。そして，何度もくり返して学習してください。余白も多めにとってありますので，どんどん書き込んで学習してください。

　また，それぞれの設問テーマに合わせた，必勝テクニック「カンタン攻略法」も掲載しています。このカンタン攻略法をマスターして，ぜひ就職戦線を勝ち抜いてください！

　本書で紹介する「**CAB**」「**GAB**」は，紙ベースでのテストだけでなく，パソコンを使用した「**Webテスト**」にもなっています。

　本書を学習すると、「**Webテスト**」対策にもなるのです！

はじめに　**1**

CAB・GAB完全対策

CONTENTS

はじめに ……………………………………………………………………… 1

イントロダクション …………………………………… 5

「CAB・GAB」──SPIに次ぐ有力な適性検査 …………………… 5
適性検査の種類 ………………………………………………………… 8
CAB・GABの構成 …………………………………………………… 10
本書の活用法 …………………………………………………………… 11

Part1　CAB …………………………………………… 13

概要 ……………………………………………………………………… 14

暗算
暗算　概要・例題 ……………………………………………………… 16
暗算　カンタン攻略法 ………………………………………………… 18
暗算　再現問題 ………………………………………………………… 19
暗算　解答・解説 ……………………………………………………… 25

法則性
法則性　概要・例題 …………………………………………………… 34
法則性　カンタン攻略法 ……………………………………………… 37

2　| CONTENTS

法則性　再現問題 ……………………………………………… 38

法則性　解答・解説 ……………………………………………… 58

命令表

命令表　概要・例題 ……………………………………………… 78

命令表　カンタン攻略法 ………………………………………… 80

命令表　再現問題 ………………………………………………… 82

命令表　解答・解説 …………………………………………… 104

暗号

暗号　概要・例題 …………………………………………… 129

暗号　カンタン攻略法 ……………………………………… 135

暗号　再現問題 ……………………………………………… 136

暗号　解答・解説 …………………………………………… 148

Part2　GAB ………………………………………… 167

概要 ……………………………………………………………… 168

計数

計数　概要・例題 …………………………………………… 170

計数　カンタン攻略法 ……………………………………… 173

計数　再現問題 ……………………………………………… 175

計数　解答・解説 …………………………………………… 189

言語

言語　概要・例題 ………………………………………… 214

言語　カンタン攻略法 ……………………………………… 219

言語　超攻略法 ……………………………………………… 220

言語　再現問題 ……………………………………………… 222

言語　解答・解説 …………………………………………… 232

Part3　性格 ……………………………………… 239

巻末資料【CAB暗号の指令内容】

巻末資料【CAB命令表】

巻末資料【GAB 計数の表】

INTRODUCTION
―イントロダクション―

CAB（キャブ） GAB（ギャブ）

―― SPIに次ぐ有力な適性検査 ――

―― 就職活動が始まる時期になると，3年生は就職活動に成功した4年生にこんな質問をよくします。

「先輩，企業の適性検査ってどんな内容なんですか？」

「うん，SPI（エスピーアイ）というのが一番多く使われているかな。まあ中学生か高校生の国語や数学みたいなものが出題されるよ。あと，性格検査もついてる」

「ええっ？ 適性検査って性格検査だけなのかと思ってましたよ。国語や数学も出るんですか？」

「適性検査は，能力検査と性格検査の総称なんだよ。両方とも受けさせられると思っておいたほうがいいよ」

「じゃあ，SPIの問題集をやっておけばいいんですね」

「まあまあ，慌てないで。最近はCAB（キャブ）とかGAB（ギャブ）といった適性検査もあるんだよ。これが結構大手企業で出題されるんだ。たとえば，今まで受けた経験だと，IT・ゲーム業界はCABが多くて，商社や証券会社，総合研究所はGABが多かったよ」

「へええ,大手で使われているんですか。SPIとは違うんですか?」

「全然違うよ。CABなんて,暗号解読の問題まであるんだよ」

「…まるでスパイみたいですね!」

「ほかにもいろんなテストがあるけど,特に要注意なのはWebテストだね。パソコンを使ってWeb上で受験する適性検査なんだけど,これが結構難しいし,やりにくい! おまけに,大手企業は最近Webテストを一次選考でやるのが主流なんだ! 特に,大手テレビ局なんてWebテストじゃないほうが珍しいくらいだよ」

「いろんな種類があるんですね…」

「心配しなくても大丈夫。実はCABやGABはSPIに比べて攻略しやすいテストなんだよ。それをこれから説明してあげるよ。まず,CABやGABは並行版(へいこうばん)の種類が少ないんだ。それぞれ2版くらいしかないらしい。並行版というのは,数字を変えたり,言葉を変えているけれど,設問形式は同じ問題冊子のこと。SPIは15版以上の並行版があるらしいから,それに比べるとCABやGABは並行版が随分少ないんだ」

「並行版の種類が少ないと何か私たち学生にメリットがあるんですか?」

「よく考えてごらん。何社も受けていて,並行版2版しかなければ,同じ版に何回も出会うということになるでしょ!」

「ああ,そうか。まったく同じ適性検査を何回も受けていれば,点数も上がりますよね」

「そのとおり。だから，適性検査を受けた後は，わからなかった設問の記録をすぐにとって，復習しておくことが重要なんだよ」

「並行版が少ないと，ほかにも私たち学生にメリットがあるんですか？」

「うん。並行版が少ないと，少ない量の問題をこなすだけで，効果が出るんだよ。この問題集で再現した問題をやれば，そのまま対策になる。しかも，この本は2版とも受けたことのある先輩たちの記憶をもとに，特に難しかった問題ばかり再現している。この問題集をやっておけば，どちらの版が出ても高得点を狙えるんだよ。」

「先輩，ありがとうございます！」

適性検査の種類

　先ほどの先輩と後輩の会話にも出てきた「SPI」は，最も多くの企業が使っている適性検査です。リクルートマネジメントソリューションズ社が販売しています。

　SPIは特に，上場企業で使われる比率が高いので，志望する人は，対策が必須です（※SPIの対策には『SPI3&テストセンター 出るとこだけ！完全対策』（実務教育出版刊）をご参照ください）。

　しかし，**「SPI」の対策だけで，すべての適性検査に通用するわけではありません。**

　ぜひとも対策すべきなのは，日本エス・エイチ・エル（以下，SHL社）の販売している「CAB（キャブ）・GAB（ギャブ）」という適性検査です。 SHL社の適性検査はシェア2番手の1つです。社数はSPIほど多くないものの，**SHL社のテストは大手企業で使われている割合が高いのです。**

　CABはコンピュータ職用の適性検査で，IT業界で多く使用されているだけでなく，その他の幅広い業種・業界で使用されています。GABは総合型の適性検査で，商社や証券会社，総合研究所などを中心に幅広く使用されています。

　また，**CABやGABはWebテストにもなっており，テレビ局をはじめとした大手企業の一次選考として使用される**ケースが最近特に増えています。

8　｜イントロダクション

紙ベースの検査でも，Webテストでも，CABやGABの設問を混ぜて使う企業も増えています。

　たとえば，大手テレビ局では，CABの法則性検査とGABの言語能力検査の2種類をWebテストで出題したケースもあります。このように，業種・業界を問わずCABとGABは両方とも対策しておくべきなのです。

　そして，就活生（就職活動をする学生）にとって重要なのは，**CABやGABはSPIとまったく異なる設問内容なので，別途の対策が必要だということです。**

　しかし，このことを知らず，CABやGABの対策をまったくしない就活生が多いのです。ということは，CABやGABの対策をきちんとすれば，ほかの就活生よりもはるかに優位になれるのです！

　CABやGABは，並行版が少ないので，適切に再現された問題集を使えば，少ない時間で有効な攻略法を身につけることができます。

　本書は，実際にCABやGABを受験した先輩たちの記憶をもとに，設問を再現しています。特に過去の先輩たちから「市販の対策本よりも実物のCABやGABのほうが難しかった。市販の問題集では，CABやGABの難易度の高い設問には通用しない！」という声がよく聞かれました。そこで，**本書は，各版の難易度の高い設問を中心に再現しました。**

　ですから，本書を使えば，CAB・GABのどの版が出題されても，高得点を狙えるのです。

　本書の再現問題を繰り返し練習して，CABやGABを高得点で攻略し，よりよい就職活動にしてください！

CAB・GABの構成

■CAB(キャブ)… コンピュータ職適性検査

種類	内容	設問数	制限時間
暗算	四則演算を暗算で行う。	50問	10分
法則性	図形の法則性を見つける。	40問	15分
命令表	10の命令記号にそって，図形を変化させる。	50問	20分
暗号	図形や文字の変化から暗号を解読する。	39問	20分
性格	4つの質問文から「自分に最も近いもの」と「自分に最も遠いもの」を1つずつ選択する。	68問	約30分

■GAB(ギャブ) … 総合適性検査

種類	内容	設問数	制限時間
言語	長文を読んで，設問文が論理的に正しいかどうかをA・B・Cで判断する。	52問	25分
計数	7〜8つの表に関する計算問題。	40問	35分
性格	CABの性格検査と同じ。	68問	約30分

10 ｜ イントロダクション

本書の活用法

　本書は掲載順に読まなくても結構です。

　志望する業種や業界から考えて，出題されやすい検査から取り組んでください。

　ただし，GABの計数能力検査よりも，CABの暗算を先に読むことをおすすめします。CABの暗算のほうが難易度が低く，またCABの暗算において概算のコツや，％・割合・小数の関連性を詳しく説明しているからです。

　CABの暗算の解説を理解した後に，GABの計数能力検査に取り組むと，スムーズに理解することができます。

Part ❶

Ⓒ Ⓐ Ⓑ

○A⃝B⃝概　要

- *CABはSHL社製のコンピュータ職用の適性検査。*
- *暗算・法則性・命令表・暗号の4種類の能力検査と，性格検査で構成。*

CABとは何か？

　CABはSHL社製のコンピュータ職用の適性検査です。

　もともとIT業界でシステムエンジニア（SE）やプログラマーの採用に使用されていましたが，**現在ではIT業界に限らず，幅広い業種・業界で採用選考に使用されています。**

　暗算・法則性・命令表・暗号の4種類の能力検査と，性格検査で構成されており，マークシート方式です。

　性格検査はSHL社の適性検査すべて共通です。ですから，CABもGABも同じ内容の性格検査が使用されています。

　性格検査の詳細は，P239をご参照ください。

CABの構成

暗算	50問	制限時間10分
法則性	40問	制限時間15分
命令表	50問	制限時間20分
暗号	39問	制限時間20分
性格検査	68問	約30分

計　約95分

CABはWebテストにもなっている！

　CABは紙ベースの問題冊子だけではなく，Webテストにもなっています。Webテストはパソコンを使ってWeb上で受験する適性検査です。パソコンの画面上で解くので，紙ベースの適性検査のように直接書き込むことができません。ですから，慣れていないと解くのが困難です。

　Webテスト版のCABは，「Web-CAB（ウェブキャブ）」と呼ばれています。

　全体的に「Web-CAB」のほうが高い難易度になっています。

　また，CABの「暗算」が，Web-CABでは「四則逆算」という別の設問に入れかわっているなど，一部内容が異なっています。

　「Web-CAB」の詳細は『Webテスト②完全対策』（実務教育出版刊）をご参照ください。「四則逆算」に関しては，『Webテスト①完全対策』（実務教育出版刊）をご参照ください。

ⒸⒶⒷ 暗　算

- ● *四則演算の計算問題が出題され，暗算で解く方式。*
- ● *制限時間10分で50問出題される。*

概要

「暗算」は，CABの能力検査の１種類目です。

計算問題を暗算で解くという設問です。

50問が制限時間10分で出題されます。つまり，１問を12秒で解かなければいけません。かなりのスピードが要求されます。

さらにいうと，１問12秒というのはあくまで平均した時間です。

実際は，前半に易しい設問があり，後半に進んでいくほど難しい設問になります。前半の易しい設問は12秒よりも短い時間で，それこそ瞬間的に解く必要があります。そのくらいのスピードでなければ，全問回答は難しいでしょう。

それでは例題をやってみましょう。

16　│ **Part ❶ CAB**

例題

この設問では，詳しい計算をする時間はありません。
以下の設問を**暗算**で解き，選択肢から正しい答えを選び，丸で囲みなさい。
なお，電卓を使用してはいけません。
※実物はマークシート方式ですが，本書では選択肢を丸で囲む形式にしています。

(制限時間5秒)

48＋68

A：16　B：76　C：116　D：1216　E：156

例題	A・B・C・D・E

例題の解説

　CABの「暗算」は，5つの選択肢の数値が離れているのが特徴です。四捨五入や切り捨てをして，概算をした数値に最も近い選択肢が正解であるように作られています。

　この設問では四捨五入をして，計算します。

~~48＋68~~

↓　　↓

50＋70＝120

　120に最も近い選択肢は「**C：116**」です。

正解 **C**：116

CAB
暗算

CAB
法則性

CAB
命令表

CAB
暗号

GAB
計数

GAB
言語

暗　算 － 概要・例題｜ **17**

①すべて概算をする！

CABの「暗算」は，5つの選択肢の数値が離れているのがポイントです。
四捨五入や切り捨てをして，計算をしましょう。
こうしたおおよその計算を「概算（がいさん）」といいます。
概算で求めた数値に，最も近い選択肢が正解です。

②複雑な計算になった場合は，一番上のケタに注目する！

たとえば，「25＋3191＋121－13」のような式のとき，一番大きい3191に注目します。ほかの3つの数値は足しても1000に届かない小さい数ばかりなので，計算するまでもなく，3千台の選択肢が正解であると推測できます。

③「一の位」に注目すると，解くのに時間がかかる！

例題のように，選択肢すべてにおいて「一の位」の数値は正しく作られていることが多いので，「一の位」に注目すると，解くのに時間がかかってしまいます。
また，「一の位」の計算間違いを予測した選択肢も入っている場合があるので，やはり「一の位」に注目すると，解くのに時間がかかってしまいます。

④正解の選択肢が，四捨五入した数値のことがある！

CABの「暗算」では，正確な計算結果が小数点第2位以下になる場合，四捨五入した数値が正解の選択肢になっています。四捨五入のケタ数はまちまちです。正確な計算をして「答えがない」とあわてないようにしましょう。

ⒸⒶⒷ暗　算

再現設問

24問 5分

※実物の検査では，設問数50問で制限時間10分です。
※実物はマークシート方式ですが，本書では選択肢を丸で囲む形式にしています。

この設問では，詳しい計算をする時間はありません。電卓を使用してはいけません。以下の設問を暗算で解き，選択肢から正しい答えを選び，丸で囲みなさい。

問1 5.1×5.1

A：10.2　B：26.01　C：2.51　D：1.12　E：261

問2 800の3/4

A：150　B：300　C：320　D：600　E：60

問3 543の67%

A：3664　B：363.81　C：242.61　D：54.3　E：16.2

問4 81×42

A：1802　B：882　C：34.02　D：340　E：3402

問1	A・B・C・D・E	問2	A・B・C・D・E
問3	A・B・C・D・E	問4	A・B・C・D・E

CAB 暗算

CAB 法則性

CAB 命令表

CAB 暗号

GAB 計数

GAB 言語

暗　算 － 再現設問｜ **19**

暗　算

問5　3342＋335＋125

A：2902　B：4936　C：3802　D：460　E：3302

問6　51の600%

A：306　B：8.5　C：17　D：106　E：153

問7　542＋3472＋68＋125

A：5867　B：4887　C：4207　D：3937　E：2987

問8　9285－838－49

A：9334　B：8496　C：7298　D：6812　E：8398

問5	A・B・C・D・E	問6	A・B・C・D・E
問7	A・B・C・D・E	問8	A・B・C・D・E

▶▶ 解答・解説 **26ページ**

CAB 暗算

問9 **24.72＋35.27＋334.72**

A：394.71　B：59.99　C：464.71　D：369.99　E：419.43

CAB 法則性

問10 **294＋4762＋198**

A：4754　B：7900　C：5452　D：6264　E：5254

CAB 命令表

問11 **814－307－3.8**

A：779.5　B：469　C：1124.8　D：503.2　E：46.9

CAB 暗号

問12 **352＋2149＋30.9＋601**

A：3132.9　B：6265.9　C：2982.9　D：2930.9　E：1226.9

GAB 計数

GAB 書語

問9	A ・ B ・ C ・ D ・ E	問10	A ・ B ・ C ・ D ・ E
問11	A ・ B ・ C ・ D ・ E	問12	A ・ B ・ C ・ D ・ E

暗　算 － 再現設問｜ **21**

暗　算

問13 3846の55%

A：28.85　B：1730.7　C：2884.5　D：288.5　E：2115.3

問14 8438÷40

A：2110　B：284　C：634　D：28　E：211

問15 38782－19763－164

A：24805　B：18855　C：8855　D：12805　E：58709

問16 67846÷2108

A：46.9　B：32.2　C：469　D：322　E：3022

問13	A・B・C・D・E	問14	A・B・C・D・E
問15	A・B・C・D・E	問16	A・B・C・D・E

▶▶ 解答・解説 **29**ページ

問17 **0.2×4.3**

A：86　B：8.6　C：0.86　D：0.08　E：43

問18 **700の65%**

A：455　B：385　C：350　D：135　E：585

問19 **7654÷321**

A：30.84　B：238.4　C：54.4　D：23.84　E：245.69

問20 **78×32×19**

A：5514　B：55104　C：2090　D：47424　E：3978

問17	A・B・C・D・E	問18	A・B・C・D・E
問19	A・B・C・D・E	問20	A・B・C・D・E

暗　算

問21 0.6÷2.4

A：4　B：0.8　C：0.025　D：2.5　E：0.25

問22 35.5－12－698

A：－45.5　B：650.5　C：65.5　D：－674.5　E：－745.5

問23 0.8÷0.22

A：0.66　B：6.3　C：66　D：3.636　E：0.36

問24 46×0.02×4

A：3.68　B：386　C：18.4　D：368　E：23

問21	A・B・C・D・E	問22	A・B・C・D・E
問23	A・B・C・D・E	問24	A・B・C・D・E

解答・解説

問1　正解　**B：26.01**

5̶.̶1̶ × 5̶.̶1̶
↓　　↓
5　　5
5 × 5 ＝25　　最も近い数値は,「**B：26.01**」です。

問2　正解　**D：600**

800の 3/4
↓
800÷4×3＝600　　正解は,「**D：600**」です。

問3　正解　**B：363.81**

5̶4̶3̶の̶6̶7̶%̶
↓　　　↓
500　 70%
500 × 0.7 ＝350

> **別解**：67%を約2/3として, 540÷3
> ×2＝360で計算する方法も
> あります。

最も近い数値は,「**B：363.81**」です。

💡 **ポイント**

この設問では,選択肢の数値が離れているので,このような大胆な概算が可能です。しかし,選択肢の値が近い場合はこの方法は使えません。そのときには別解のように540÷3×2で計算して,正確な数値に近い答えを出します。

CAB 暗算

CAB 法則性

CAB 命令表

CAB 暗号

GAB 計数

GAB 営語

暗　算 － 解答・解説｜ **25**

暗算

問4　正解　E：3402

~~81×42~~
↓　　↓
80　40

80×40＝3200　最も近い数値は,「**E：3402**」です。

問5　正解　C：3802

~~3342＋335＋125~~
↓　　　↓　　↓
3300　300　100

3300＋300＋100＝3700

最も近い数値は,「**C：3802**」です。

> **別解**：一番大きい数字が3342であることに注目し，正解は3342より大きくて，千の位が3の選択肢だと考える方法があります。335と125は3342に足しても4000を超えることはありえないことは，見ただけでわかります。

問6　正解　A：306

~~51の600%~~
↓　　↓
50　×　6

50　×　6　＝300　最も近い数値は,「**A：306**」です。

ポイント
600%は6倍と同じことです。

問7 正解 **C：4207**

$$\overline{542+3472+68+125}$$
↓ ↓ ↓ ↓
500 3500 100 100
500＋3500＋100＋100＝4200

最も近い数値は，「**C：4207**」です。

問8 正解 **E：8398**

$$\overline{9285-838-49}$$
↓ ↓ ↓
9300 900
9300 － 900＝8400

最も近い数値は，
「**E：8398**」です。

> 💡 **ポイント**
>
> 引き算が複数あるときは，引く数を足してからまとめて引くと計算しやすいでしょう。設問では，839と49を足して約900としてから引くとよいでしょう。

問9 正解 **A：394.71**

$$\overline{24.72+35.27+334.72}$$
↓ ↓ ↓
25 35 335
↓
60
60＋335＝395

最も近い数値は，「**A：394.71**」です。

暗 算

問10　正解　E：5254

~~294~~＋~~4762~~＋~~198~~
　↓　　　↓　　　↓
　300　4800　200
300＋4800＋200＝5300

すべて切り上げでこの数値なので，正解は5300より小さくて，かつ，5300に最も近い数値になります。よって，正解は「**E：5254**」です。

問11　正解　D：503.2

~~814~~－~~307~~－~~3.8~~
　↓　　　↓　　　↓
　800　300　0
800－300　　＝500

最も近い数値は，「**D：503.2**」です。

ポイント
3.8は他の2つの数値に比べてはるかに小さいので，0（ゼロ）として計算するとよいでしょう。

問12　正解　A：3132.9

~~352~~＋~~2149~~＋~~30.9~~＋~~601~~
　↓　　　↓　　　↓　　↓
　400　2100　0　　600
400＋2100　＋　　600＝3100

最も近い数値は，
「**A：3132.9**」です。

ポイント
30.9は他の3つの数値に比べてはるかに小さいので，0（ゼロ）として計算するとよいでしょう。

問13 正解 **E：2115.3**

3846 の 55%
↓　　↓
4000　0.6
4000 × 0.6 ＝ 2400　最も近い数値は,「**E：2115.3**」です。

問14 正解 **E：211**

8438 ÷ 40
↓
8400
8400 ÷ 40 ＝ 840 ÷ 4 ＝ 210

位取りを間違えないために「÷40」を「÷4」に置き換え,「8400」も「840」にそろえると計算しやすくなります。

最も近い数値は,「**E：211**」です。
なお, この設問では正確な計算結果210.95の小数点以下を四捨五入した「**E：211**」が正解の選択肢になっています。

問15 正解 **B：18855**

38782 － 19763 － 164
↓　　　↓　　　↓
39000　20000　　0
39000 － 20000　　　＝ 19000

最も近い数値は,
「**B：18855**」です。

164は他の2つの数値に比べてはるかに小さいので, 0（ゼロ）として計算するとよいでしょう。

暗算

問16 正解 **B：32.2**

67846 ÷ 2108
↓　　　↓
68000　2000
↓　　　↓
68 ÷ 2 = 34

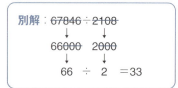
別解：67846 ÷ 2108
　　　　↓　　　↓
　　　66000　2000
　　　　↓　　　↓
　　　　66 ÷ 2 = 33

最も近い数値は，「**B：32.2**」です。
なお，この設問では正確な計算結果32.185…の小数点第2位以下を四捨五入した「**B：32.2**」が正解の選択肢になっています。

> **ポイント**
>
> この設問は選択肢の値が離れているため，割る数と割られる数の両方を四捨五入しても大勢に影響はありません。しかし，割り算の原則としては，割られるほうの数値を切り上げて，割るほうの数値を切り捨てると，場合によっては得られる数値が正解とかけ離れた数値になるおそれがあります。ですから，選択肢に近い数値がある場合は，別解のように両方の数値を切り捨てて，しかも2000で割りやすい数値66000で計算したほうがよいでしょう。

問17 正解 **C：0.86**

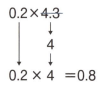
0.2 × 4.3
　　　↓
　　　4
↓　　↓
0.2 × 4 = 0.8

最も近い数値は，
「**C：0.86**」です。

別解：「×0.2」を「÷5」と置き換えて4÷5＝0.8として計算する方法もあります。
0.2×4.3
　↓
4.3×0.2
↓　　↓
4　　5
4 ÷ 5 = 0.8

問18 正解 **A：455**

~~700の65%~~
↓
0.7
700 × 0.7＝490　最も近い数値は，「**A：455**」です。

問19 正解 **D：23.84**

~~7654÷321~~
↓　　　↓
7500　300
↓　　　↓
75 ÷ 3 ＝25　最も近い数値は，「**D：23.84**」です。
なお，この設問では正確な計算結果23.844…の小数点第3
位以下を四捨五入した「**D：23.84**」が正解の選択肢にな
っています。

ポイント

「7654」は四捨五入で「7700」とするよりも「300」で割り切れる
「7500」にしたほうが素早く計算できます。もちろん7700÷300
で計算してもかまいません。

問20 正解 **D：47424**

~~78×32×19~~
↓　　↓　　↓
80　30　20
80×30×20＝48000　最も近い数値は，「**D：47424**」
です。

暗　算 － 解答・解説 ｜ **31**

暗　算

問21　正解　E：0.25

$$0.6÷\quad 2.4$$
$$\downarrow$$
$$0.6÷(0.6×4)$$
$$\downarrow$$
$$0.6÷\quad 0.6÷4$$
$$\downarrow$$
$$1\qquad ÷4=0.25$$

> **別解**：以下の計算で，最も近い
> 　　　数値を導き出します。
> $$0.6÷2.4$$
> $$\downarrow$$
> $$2$$
> $$0.6÷\ 2=0.3$$

よって，正解は「**E：0.25**」です。

> 💡 **ポイント**
>
> **2.4が0.6の4倍であることに着目して解きます。また，÷(0.6×4)の「()(カッコ)」を外すときは，÷0.6÷4に変わることに注意が必要です。**

問22　正解　D：−674.5

$$\cancel{35.5}-\cancel{12}-698$$
$$\downarrow$$
$$0\qquad -698$$

正解は−698に最も近い数値です。

よって，正解は「**D：−674.5**」です。

> 💡 **ポイント**
>
> **35.5と12は698と比べてはるかに小さいので，0(ゼロ)として計算するとよいでしょう。**

問23 正解 **D：3.636**

$$0.8 \div 0.22$$
$$\downarrow \quad \downarrow$$
$$80 \quad 22$$
$$\downarrow \quad \downarrow$$
$$80 \quad 20$$

80÷20 ＝4　最も近い数値は，「**D：3.636**」です。
なお，この設問では正確な計算結果3.6363…の小数点第4位以下を四捨五入した「**D：3.636**」が正解の選択肢になっています。

> **ポイント**
> 小数点以下の数値の計算は小数点を移動させて，整数にすると早く計算できます。このとき，小数点を動かすケタ数は，小さいほうの数値が整数になるまでです。この設問の場合は小数点を右に2ケタ移動します。

問24 正解 **A：3.68**

$$46 \times 0.02 \times 4$$
$$\downarrow \quad \downarrow$$
$$50 \div 50$$

50÷50 ×4＝4　最も近い数値は，「**A：3.68**」です。

> **ポイント**
> 「×0.02」は「÷50」に置き換えることができます。

ⒸⒶⒷ 法則性

- 図形群の法則性を見つけ，欠けている部分に適切な図形を選ぶ。
- 制限時間15分で40問出題される。

概要

「法則性」は，CABの能力検査の2種類目です。

5つの図形群の法則性を見つけ，欠けている部分に適切な図形を選ぶという設問です。

問題冊子への書き込みをしてもかまいません。

40問が制限時間15分で出題されます。つまり，1問を約20秒で解かなければいけません。かなりのスピードが要求されます。

さらにいうと，1問約20秒というのはあくまで平均した時間です。

実際は，前半に易しい設問があり，後半に進んでいくほど難しい設問になります。前半の易しい設問は20秒よりも短い時間で，それこそ瞬間的に解く必要があります。そのくらいのスピードでなければ，全問回答は難しいでしょう。

それでは例題をやってみましょう。

例題

ある論理的な順序で配列された図形群があります。その中の1つが空欄になっています。

A～Eから，空欄に当てはまるものを1つ選び，丸で囲みなさい。

※実物はマークシート方式ですが，本書では選択肢を丸で囲む形式にしています。

(制限時間10秒)

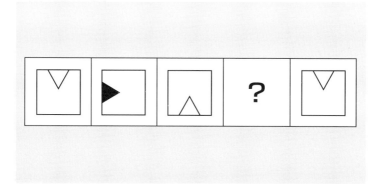

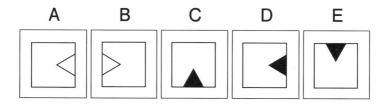

| 例題 | A・B・C・D・E |

例題の解説

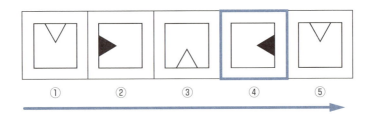

法則1　三角は反時計回りに移動

法則2　三角は白黒反転を繰り返す

　図形群を左から右へ見ていくと，三角が反時計回りに移動しています。
　上→左→下と移動しているのですから，空欄では「右」へ移動します。
　同時に，三角は白→黒→白と色を変化させていますから，空欄では「黒」色になります。
　よって，正解は「D」です。

2つの法則が働いていることに気がつきましょう。

正解：**D**

①図形群が密集している側から見ていく！

たとえば，空欄が図形群の右端や右から2番目にあれば，左側に図形が密集しているので，左から図形群を見ていくと，法則性を理解しやすいでしょう。

空欄が図形群の真ん中にある場合は，左右の両方から見ていきましょう。

②複数の法則が働いている場合がある！

法則は1つだけとは限りません。2つ，または3つの法則が働いている場合があります。

CAB 法則性

再現設問

※実物の検査では、設問数40問で制限時間15分です。
※実物はマークシート方式ですが、本書では選択肢を丸で囲む形式にしています。

ある論理的な順序で配列された図形群があります。その中の1つが空欄になっています。
A〜Eから、空欄に当てはまるものを1つ選び、丸で囲みなさい。

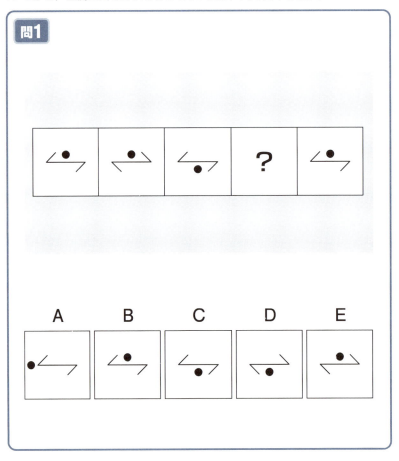

| 問1 | A・B・C・D・E |

問2

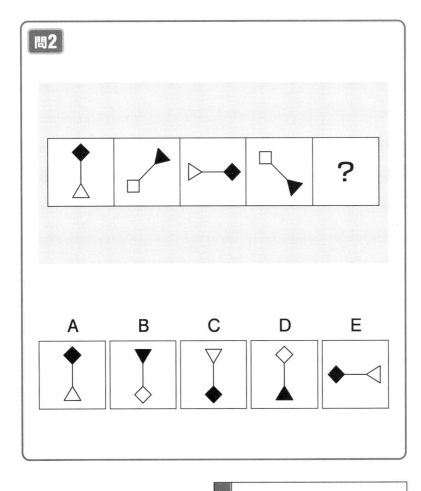

| 問2 | A・B・C・D・E |

法則性 — 再現設問 | 39

法則性

問3

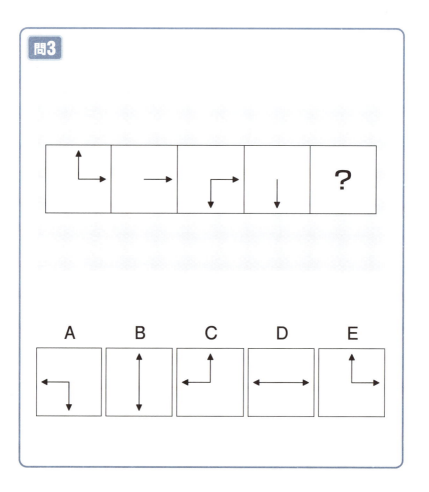

▶▶ 解答・解説 60ページ

問4

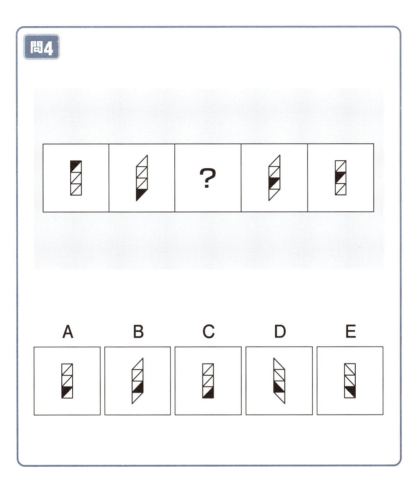

| 問4 | A・B・C・D・E |

法則性

問5

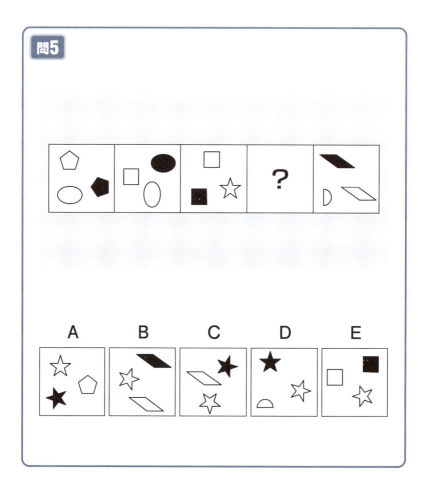

問5 A・B・C・D・E

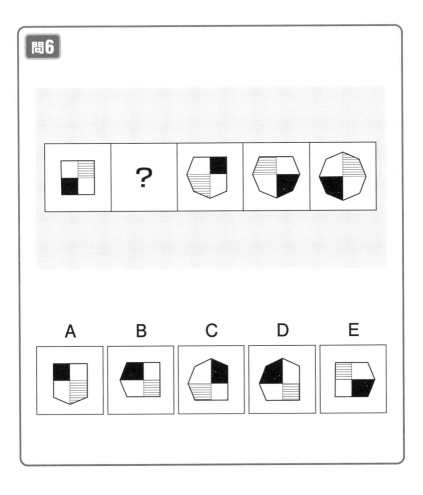

法則性

問7

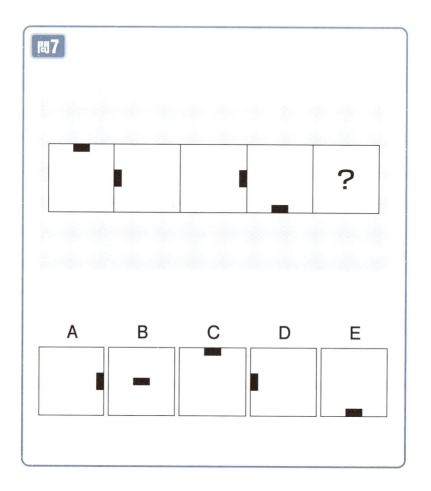

Part ① CAB

▶▶ 解答・解説 64ページ

問8

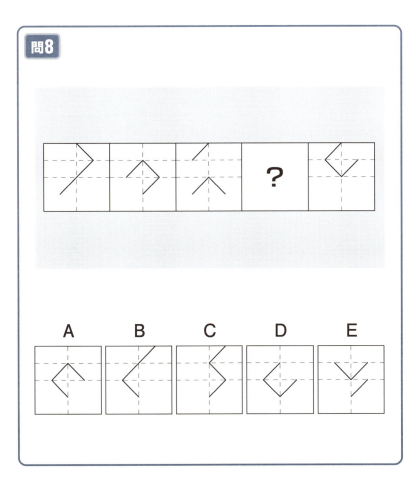

問8 A・B・C・D・E

法則性

問9

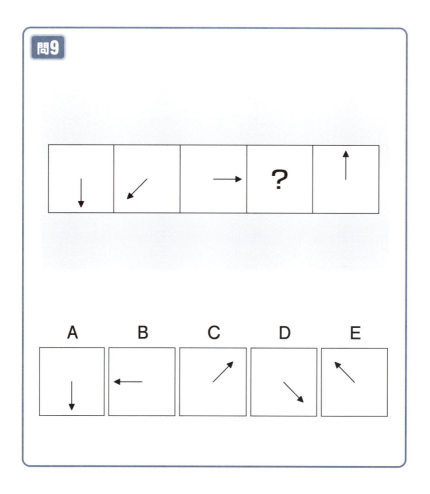

Part ① CAB

▶▶ 解答・解説 66ページ

問10

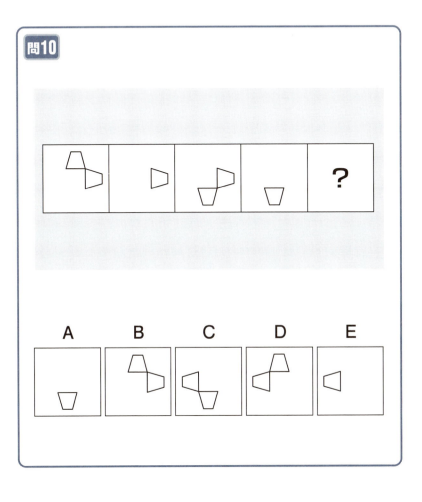

問10　A・B・C・D・E

法則性 － 再現設問 | 47

法則性

問11

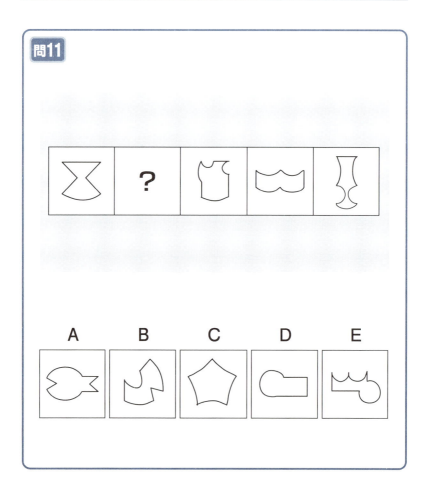

問12

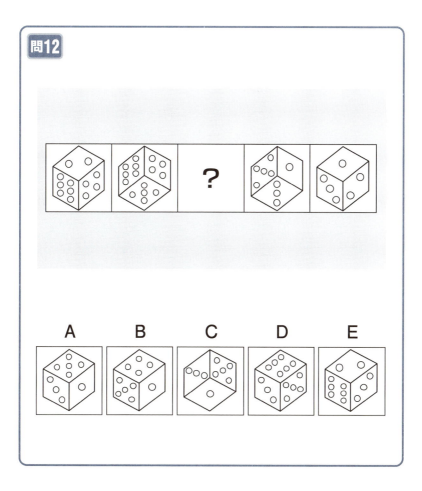

問12 A・B・C・D・E

法則性

問13

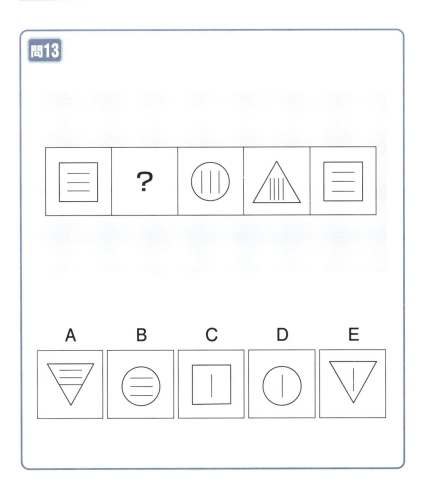

A・B・C・D・E

問14

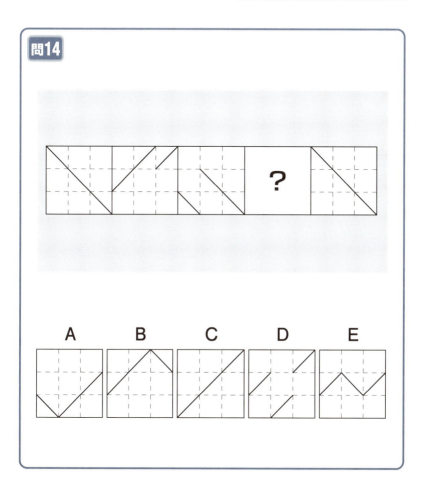

問14　A・B・C・D・E

法則性

問15

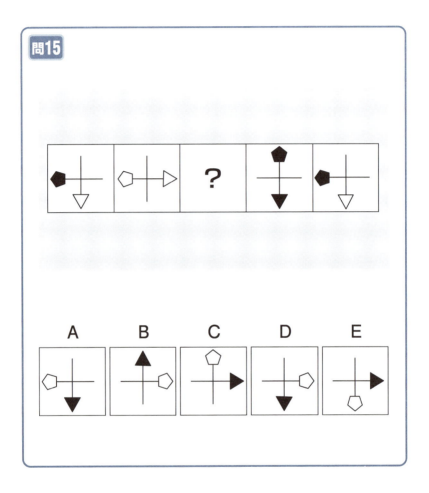

▶▶ 解答・解説 72ページ

問16

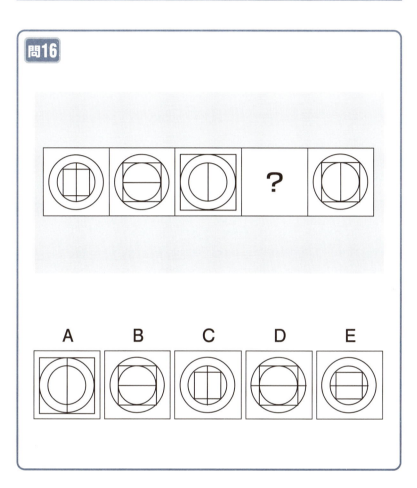

| 問16 | A・B・C・D・E |

法則性 − 再現設問 | 53

法則性

問17

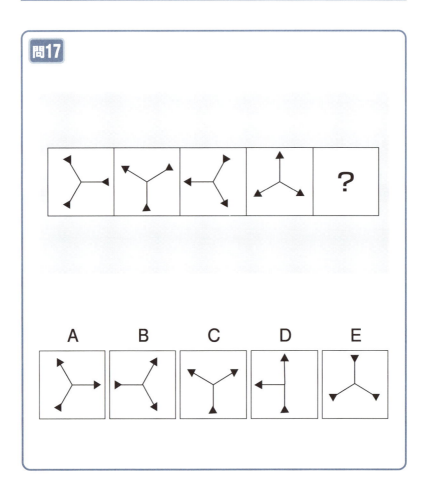

54 | Part ❶ CAB

問18

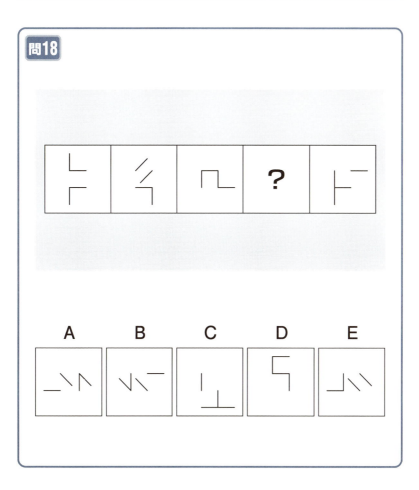

問18　A・B・C・D・E

法則性

問19

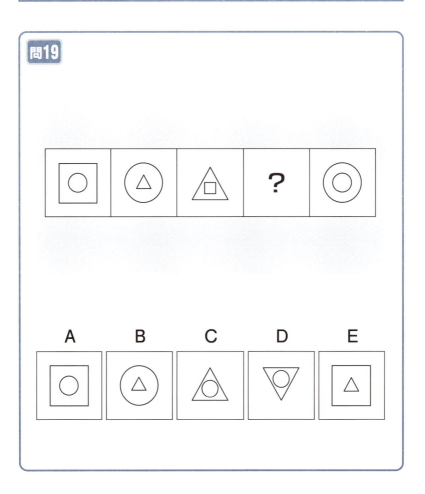

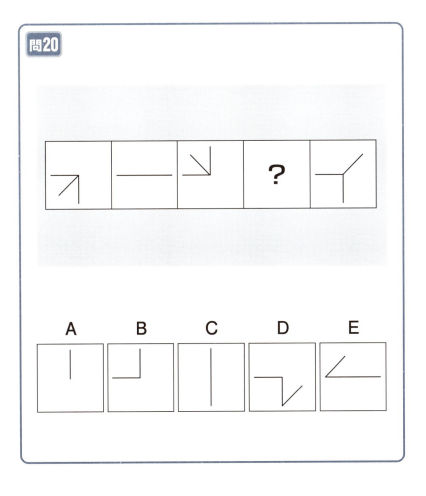

解答・解説

問1

正解：**D**

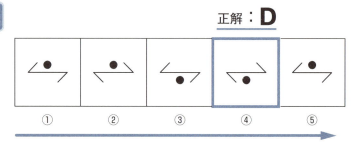

法則1 直線を軸に180度回転をくり返す

法則2 黒点は上→上→下→下と移動

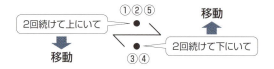

問2 正解：**C**

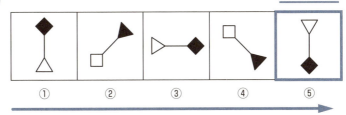

法則1 直線は時計回りに45度ずつ回転

法則2 黒い図形は◆⟷▼をくり返す

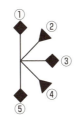

法則3 白い図形は△⟷◇をくり返す

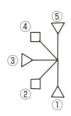

法則性

問3　正解：A

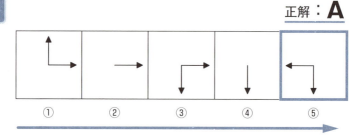

法則　矢印「ア」が時計回りに90度回転 ←→ 矢印「イ」が時計回りに90度回転を交互にくり返す

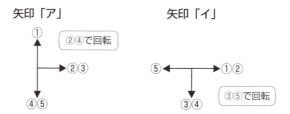

問4　　　　　　　　正解：**A**

① ② ③ ④ ⑤

法則　三角は上端から順に下端に移動する

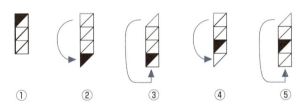

① ② ③ ④ ⑤

法則性 － 解答・解説

法則性

問5

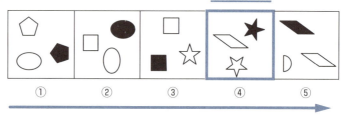

法則 1つだけの図形が次に白黒2つに増える

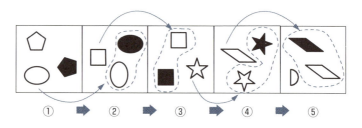

問6 正解：**B**

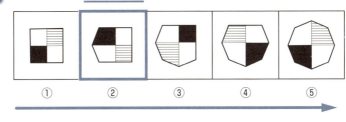

法則1 塗りつぶし部分が時計回りに90度ずつ移動

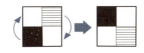

法則2 辺の中間が反時計回りに外側に出て、角が1つずつ増える

法則性 － 解答・解説

問7

正解：**E**

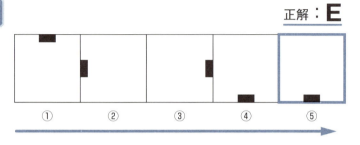

法則 4辺を反時計回りに90度→180度→270度→360度と，90度ずつ回転角度を増やしながら移動

問8

正解：**B**

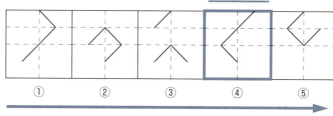

法則 3本の線が1つずつ上から下へ，下から上へ，時計回りに移動

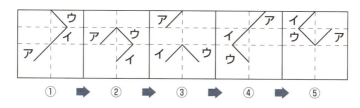

「ア」の動き　　「イ」の動き　　「ウ」の動き

法則性 — 解答・解説 | 65

法則性

問9　正解：**D**

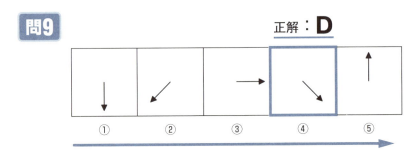

法則　時計回りに45度回転⟷反時計回りに135度回転を交互にくり返す

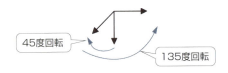

③の矢印を時計回りに45度回転した図形が正解になります。

問10

正解：**C**

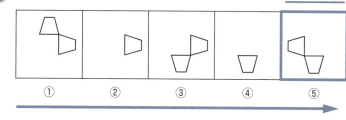

法則 台形「ア」が時計回りに90度移動 ⟷ 台形「イ」が時計回りに90度移動を交互にくり返す

台形「ア」の動き

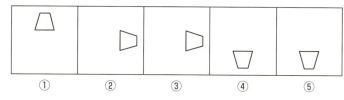

台形「イ」の動き

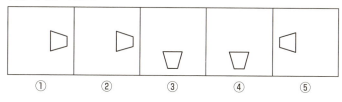

下と左に台形がある選択肢が正解です。

法則性

問11　正解：**B**

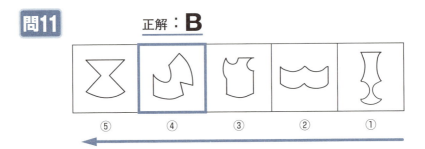

以下，わかりやすくするために，直線は青色で表しました。

法則　直線の数が1本ずつ増えていく

つまり，直線が4本の図形が正解です。
選択肢の図形の直線の数は以下のとおりです。

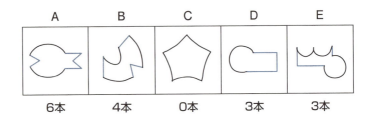

正解は「**B**」です。

問12

正解：**B**

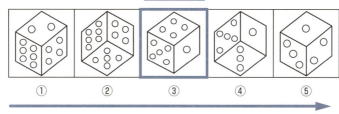

法則 サイコロが1回おきに上→左の方向へ転がる

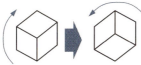

法則から，正解は④→⑤の変化と同じ変化になります。[::] と [:::] が左側に移動し，[:::] の裏にある [○] が見えているのが正解です。

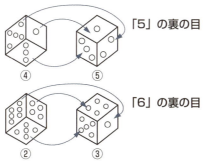

「5」の裏の目

「6」の裏の目

サイコロは表・裏の目を足すと必ず「7」になるという法則で作られています。

④→⑤で，「5」の目が「2」に変わったことから裏の目に変わったという法則が導き出せます。よって②→③でも「6」は裏の目「1」に変わります。

法則性

問13　正解：**E**

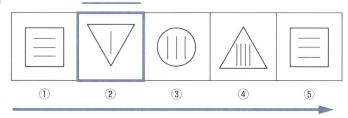

法則　内側の直線の数が，次の図形の辺の数になる。ただし，直線が横の場合は上下逆の図形になる

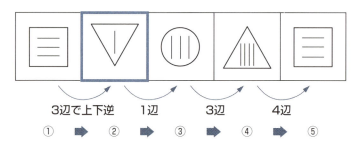

①の直線が3本なので，②は3辺，つまり三角形です。また③の図形が円（1辺）なので，②の内側の直線数は1本です。

該当する選択肢は「**E**」だけです。

なお「直線が横の場合は上下逆の図形になる」という法則は，正解の「**E**」の向きから，後づけで発見した法則です。

問14

正解：**D**

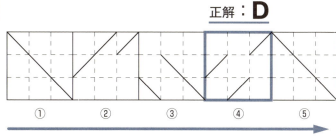

法則1 線「ア」は向きを変えながら，上→中→下→中→上と移動

法則2 線「イ」は向きを変えながら，中→上→中→下→中と移動

法則3 線「ウ」は向きを変えながら，下→上→下→上→下と移動

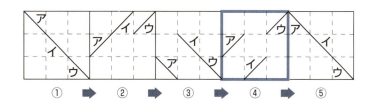

法則性

問15　正解：**C**

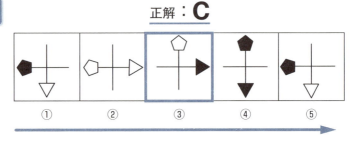

法則1　五角形は1回おきに白黒反転と上・左の移動をくり返す

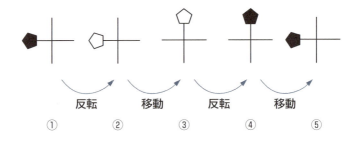

法則2　三角形は1回おきに右・下の移動と白黒反転をくり返す

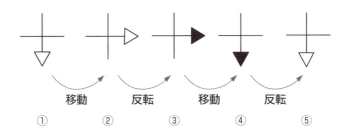

問16　　　　　　　　　　　正解：**E**

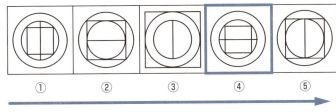

法則1　直線は縦→横のくり返し

法則2　正方形は小さい円の内側→大きい円の内側→大きい円の外側のくり返し

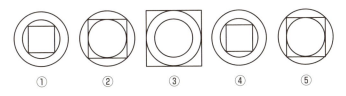

法則性

問17　　　　　　　　　　　　　　　　　　　正解：**A**

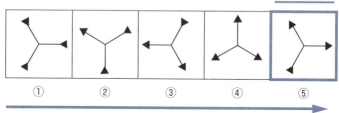

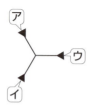

法則1　3本の線は反時計回りに30度ずつ回転

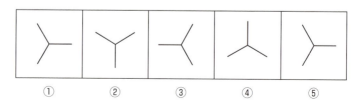

法則2　先端の三角形は「ア」→「イ」→「ウ」の順に向きが反対に変わる

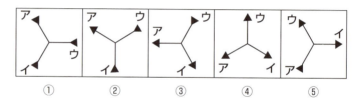

問18

正解：**A**

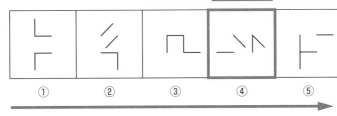

法則1 線「ア」は時計回りに45度ずつ回転

法則2 線「イ」は反時計回りに45度ずつ回転

法則3 線「ウ」は反時計回りに90度ずつ回転

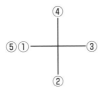

法則性

法則4 線「エ」は反時計回りに90度ずつ回転

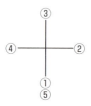

問19　　　　　　　　　　　　　正解：**A**

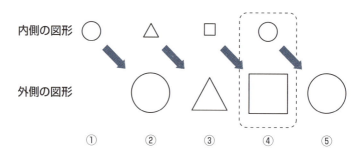

法則 内側の図形が次に外側の図形になる

問20　正解：**B**

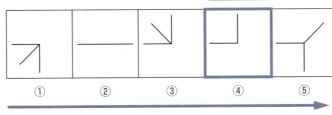

法則1　線「ア」は固定

法則2　線「イ」は時計回りに45度ずつ回転

法則3　線「ウ」は反時計回りに90度ずつ回転

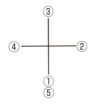

ⒸⒶⒷ命令表

- *10種類の命令に従って，図形を変化させる設問。*
- *制限時間20分で50問出題される。*

概要

「命令表」は，CABの能力検査の3種類目です。

10種類の命令に従って，図形を変化させる設問です。

問題冊子への書き込みをしてもかまいません。

50問が制限時間20分で出題されます。つまり，1問を約24秒で解かなければいけません。かなりのスピードが要求されます。

さらにいうと，1問約24秒というのはあくまで平均した時間です。

実際は，前半に易しい設問があり，後半に進んでいくほど難しい設問になります。前半の易しい設問は24秒よりも短い時間で，それこそ瞬間的に解く必要があります。そのくらいのスピードでなければ，全問回答は難しいでしょう。

それでは例題をやってみましょう。

例題

巻末の「CAB命令表」を切り取り，見やすい場所に置いてください。
「CAB命令表」には，10種類の命令記号が載っています。これらの命令を実行し，四角の中の図形を変化させ，その結果得られる図形群をA〜Eから1つ選び，丸で囲みなさい。

※実物はマークシート方式ですが，本書では選択肢を丸で囲む形式にしています。

（制限時間20秒）

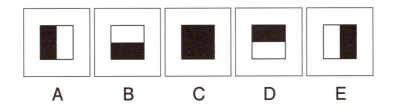

例題の解説

 は，左半分が黒，右半分が白の図形です。

─(←)─ は，「左右を逆さまにする」命令です。

 の左右を逆さまにすると，

 なので，正解は「**E**」です。

正解：**E**

①取り消し命令は最初に実行する。

命令 ─(●)─ 「前の命令を取り消す」と命令 ─(○)─ 「次の命令を取り消す」は最初に実行しましょう。そうすると，取り消される命令を無駄に実行せずにすむからです。

取り消された命令は，鉛筆で斜め線を書き入れ，消してお

くとわかりやすいでしょう。

②消した図形には，斜線を入れる！

命令─⊕─「前の図形を消す」と命令─⊖─「次の図形を消す」によって消された図形は，鉛筆で斜め線を書き入れ，消しておくとわかりやすいでしょう。

③「順番の入れかえ」を表す矢印や数字を余白に書き入れる！

余白を上手に活用することが，命令表を解くうえで重要です。命令─Ⓖ─「前の図形と入れかえる」などは，図形の入れかえを示す矢印を余白に書き入れるとよいでしょう。

命令Ⓗ・命令Ⓢ・命令Ⓡ などの順番の入れかえは，余白に順番の入れかえを示す数字を書き入れるとよいでしょう。

④変化した図形の略図を余白に書き入れる！

頭の中だけで図形の変化をイメージしても混乱するだけです。変化した図形を余白に書き入れましょう。きちんと描くと時間がないので，略図にします。たとえば，塗りつぶしは時間がかかるので，点やレ点などで塗りつぶしを表現すればよいでしょう。

ＣＡＢ命令表

再現設問

※実物の検査では，設問数50問で制限時間20分です。
※実物はマークシート方式ですが，本書では選択肢を丸で囲む形式にしています。

25問
10分

巻末の「CAB命令表」を切り取り，見やすい場所に置いてください。
「CAB命令表」には，10種類の命令記号が載っています。これらの命令を実行し，四角の中の図形を変化させ，その結果得られる図形群をA～Eから1つ選び，丸で囲みなさい。

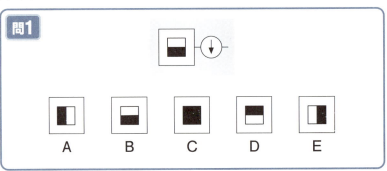

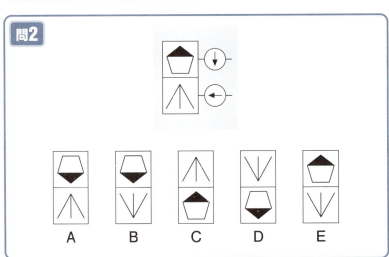

| 問1 | A・B・C・D・E | 問2 | A・B・C・D・E |

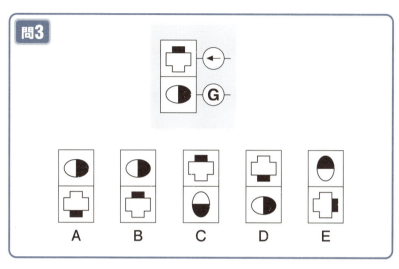

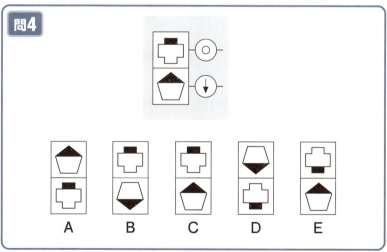

命令表 - 再現設問 | 83

命令表

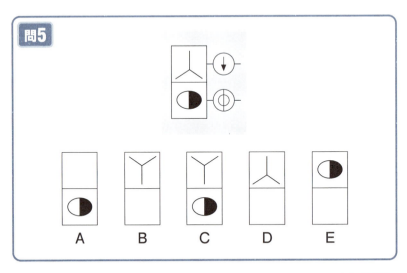

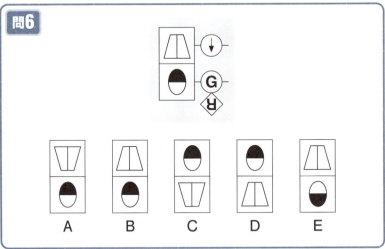

問7

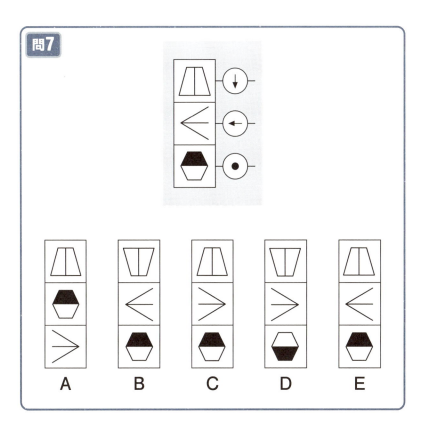

問7　A・B・C・D・E

命令表

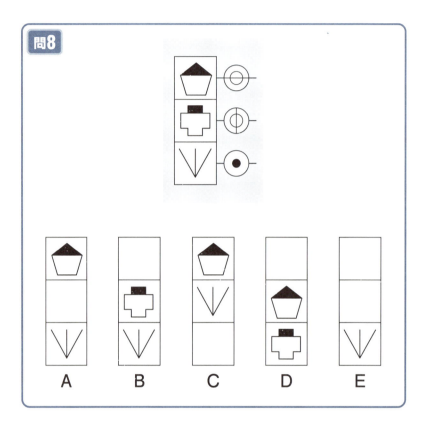

A ・ B ・ C ・ D ・ E

▶▶ 解答・解説 109ページ

問9

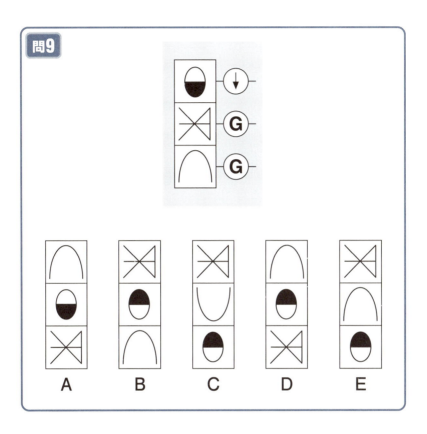

問9 A・B・C・D・E

命令表

問10

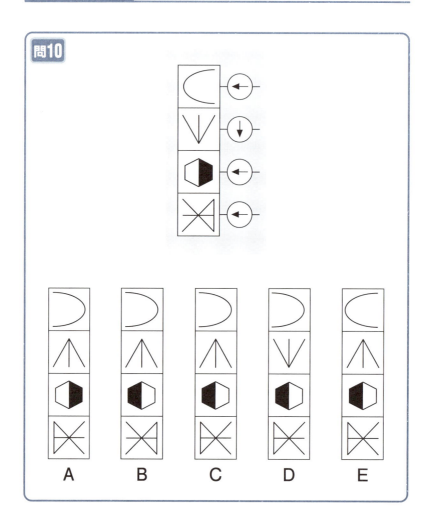

▶▶ 解答・解説 111ページ

問11

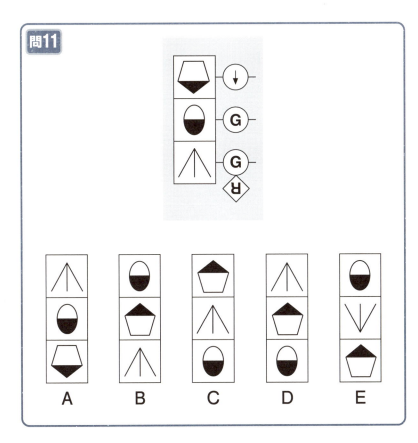

問11 　A ・ B ・ C ・ D ・ E

命令表

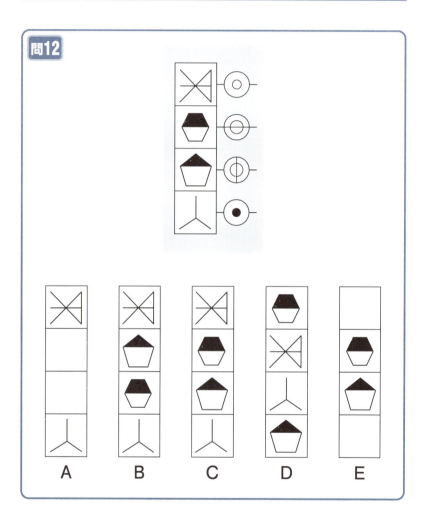

問13

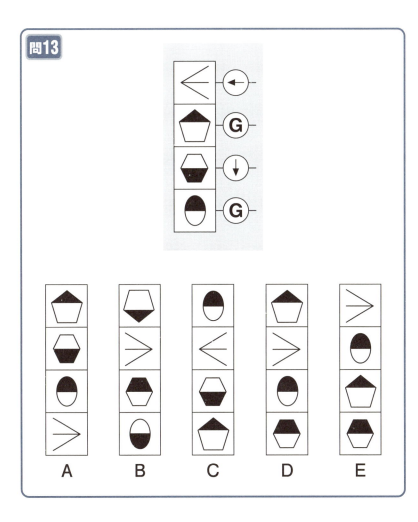

問13　A・B・C・D・E

命令表

問14

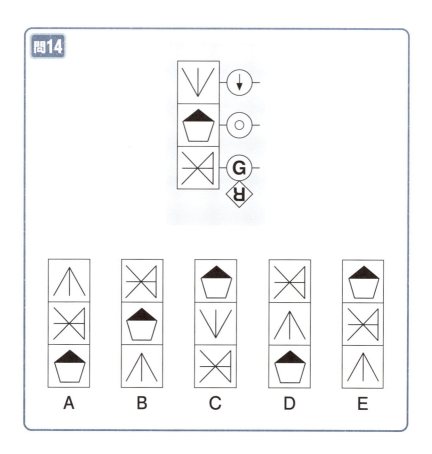

問15

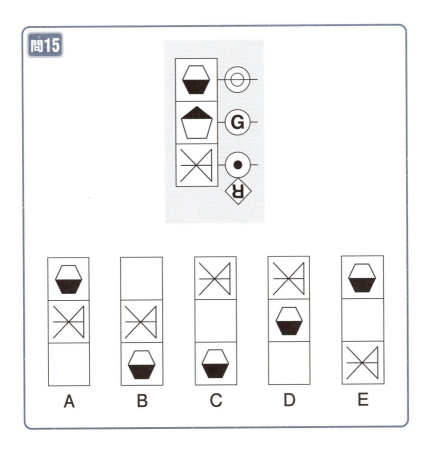

問15 A・B・C・D・E

命令表

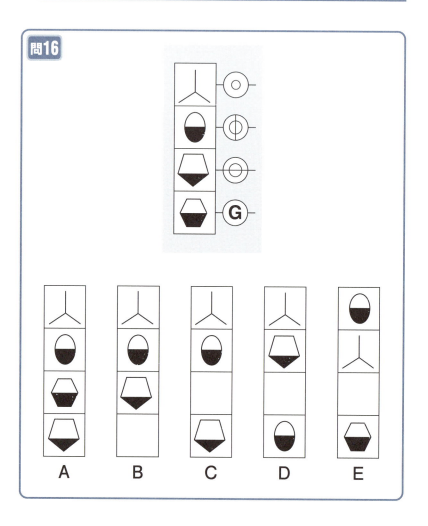

問17

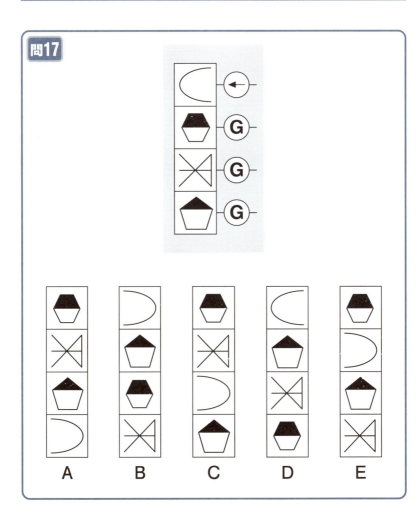

問17 A・B・C・D・E

命令表

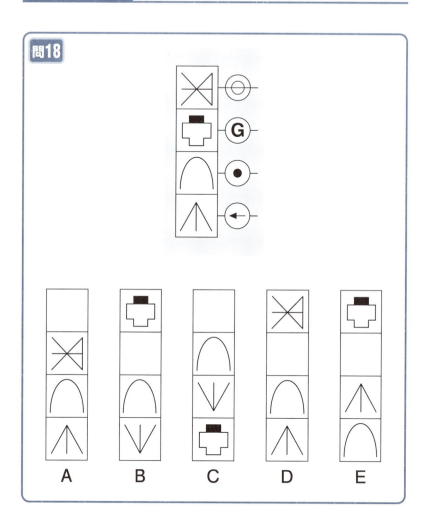

問19

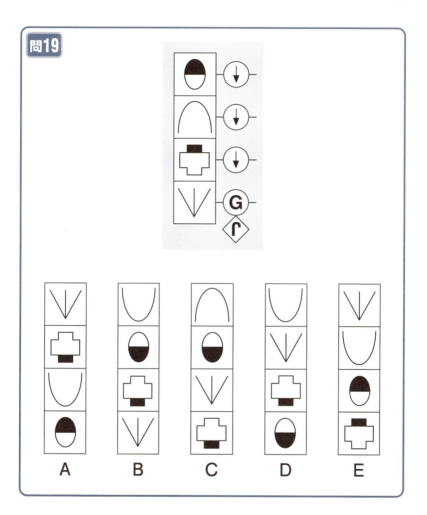

問19 　A・B・C・D・E

命令表

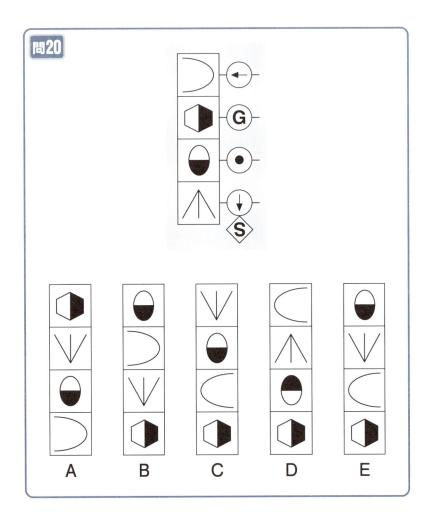

問21

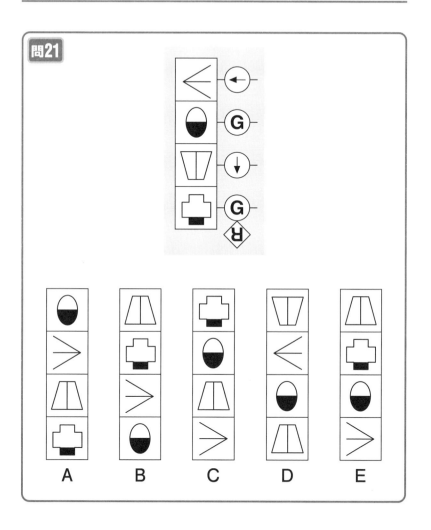

| 問21 | A・B・C・D・E |

命令表

問22

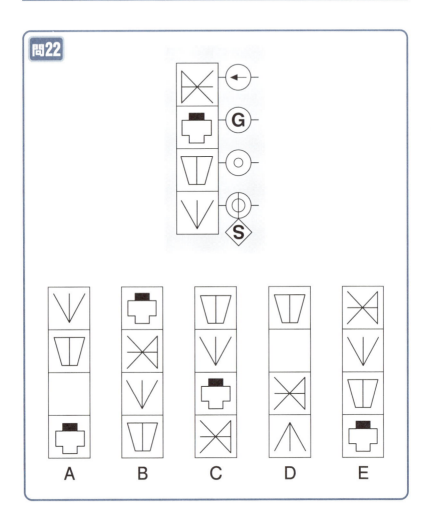

A・B・C・D・E

問23

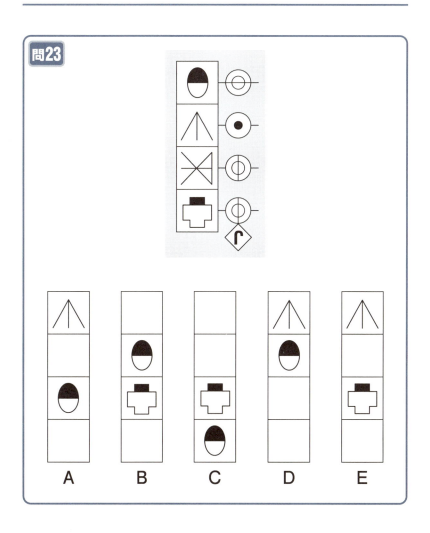

問23　A・B・C・D・E

命令表

問24

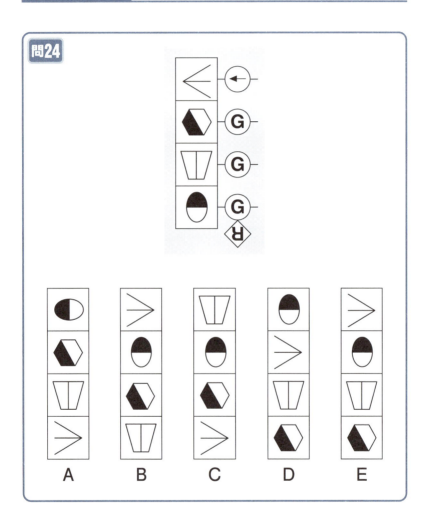

問25

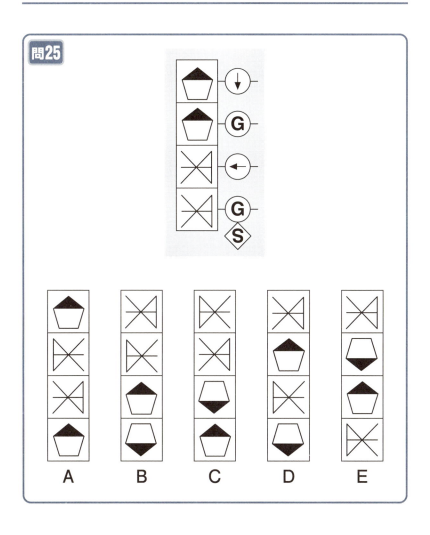

問25 A・B・C・D・E

解答・解説

問1 正解：D

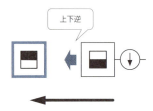

─⊕─は「上下を逆さまにする」命令です。■の上下を逆さまにすると■なので、正解は「**D**」です。

問2 正解：A

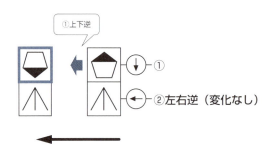

最初の命令─⊕─は「上下を逆さまにする」なので、⬠ が ⬡ に変わります。

2番目の命令 -◀- は「左右を逆さまにする」ですが，この図形は左右を逆さまにしても変化はなく，元図と同じ形です。

よって，1番目の図形が ⬠ に変わり，2番目の図形は元図のまま ⋀ の「A」が正解です。

問3　正解：B

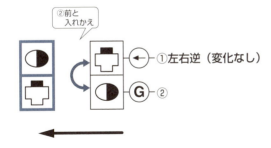

最初の命令 -◀- は「左右を逆さまにする」ですが，この図形は左右を逆さまにしても変化はなく，元図と同じ形です。

2番目の命令 -G- は「前の図形と入れかえる」なので，前の図形 ⊥ と順番を入れかえます。

結局，図形の変化はなく，順番だけが入れかわりました。よって，正解は「B」です。

命令表

問4　正解：C

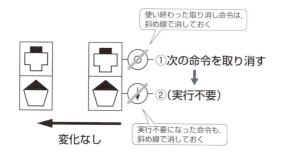

　取り消し命令の ⊙ と ○ は，他の命令より先に実行すると，時間を節約できます。なぜなら，取り消される命令を無駄に実行せずに済むからです。

　また，実行後には，取り消した命令とともに斜め線で消しておくと，他の命令を実行するときに，誤って再実行してしまうのを防げます。

　この設問の場合は，命令を取り消した結果，実行する命令が何もありません。つまり，正解は元図と同じ「**C**」です。

問5　正解：A

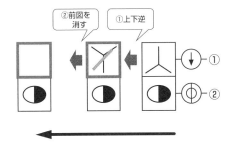

最初の命令 -(↓)- は「上下を逆さまにする」なので，人 が Y に変わります。

2番目の命令 -(○)- は「前の図形を消す」なので，前の図形 Y が消えます。わかりやすくするために，消える図形には，斜め線を引きます。

結局，1番目の図形が消えて，2番目の図形は元図のままです。よって，正解は「**A**」です。

なお，この設問では，2番目の命令で前の図形が消えるので，最初の命令は実行せずに，2番目の命令だけを実行するという方法もあります。

命令表

問6 正解：**A**

　は，図形を逆順にする命令ですが，図形が2つしかない場合には，前後の順番が入れかわるだけです。つまり　　と同様の働きです。この設問では　　により順番が入れかわった後で，　　によって再び順番が入れかわるので，結局，順番は元図のままです。ですから，　　と　　は実行する必要がありません。

　そうなると，有効な命令は，最初の命令　　「上下を逆さまにする」だけで，正解は，元図から　　が　　に変わった「**A**」です。

問7 正解：B

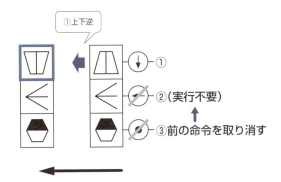

(問4) と同様に、まず、取り消し命令 -●- を実行すると、最初の命令 -↓- だけが残ります。一番上の図形が上下逆になり、ほかは元図のままですから、正解は「**B**」です。

問8 正解：A

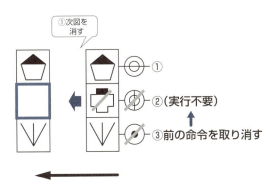

命令表

この設問も、取り消し命令 ―●― を実行すると、最初の命令 ―⊖― だけが残ります。―⊖― は「次の図形を消す」命令なので、正解は、2番目の図形が消えて、ほかは元図のままの「**A**」です。

問9　正解：**E**

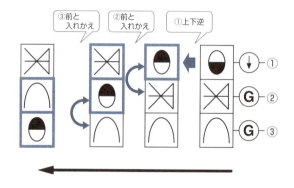

この設問のように、「前の図形と入れかえる」命令 ―Ⓖ― が2回続くと、頭の中で考えているだけでは、順番を間違えやすくなります。間違いを防ぐため、図形の左側に、入れかえを示す矢印を書き込むとよいでしょう。さらに略図も書き加えると、いっそうわかりやすくなります。

　上図では、説明のため、きちんとした図を載せましたが、実際に

書き込むときには，自分でわかる程度に省略した図を書き込めば十分です。

さて，この設問はまず，最初の命令-(↓)-により ● が上下逆になって， ● に変わります。

次に「前の図形と入れかえる」命令-(G)-を2回繰り返すことで順番が入れかわり，一番上にあった図形が一番下へ，残りの図形は1つずつ上へ移動します。

よって，正解は「**E**」です。

問10　正解：**C**

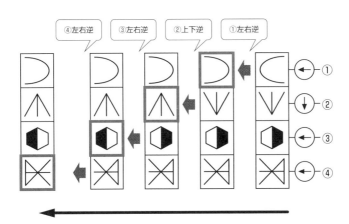

命令表

上から順番に命令を実行していきます。

1・3・4番目の図形は左右逆に，2番目の図形は上下逆に変わるので，正解は「**C**」です。

問11　正解：**C**

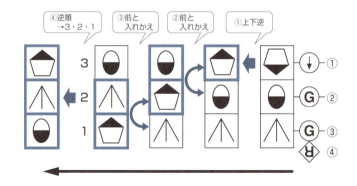

3番目の命令までは（問9）と同じですが，最後にもう1つ逆順に入れかえる命令 があります。

上の図ではわかりやすいよう，入れかえ後の順番も図形入りで載せましたが，実際には，マスの左横に「3・2・1」と順番を書き入れるだけにするなど，自分がわかる範囲で簡略化して時間を短縮するとよいでしょう。この方法は， のほか　　　でも有

効です。

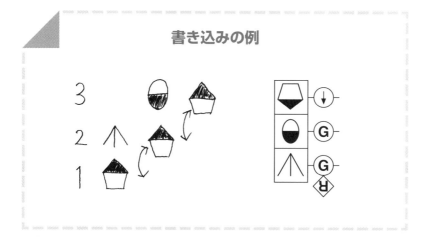

書き込みの例

さて，この設問は，最初の命令 ⊖ で，⬠ が ⬇ に変わります。

2番目以降は入れかえ命令です。命令に従って順番を入れかえると，最終的には，元図と比べて「1・3・2」の順番になります。

よって，正解は「**C**」です。

命令表

問12　正解：C

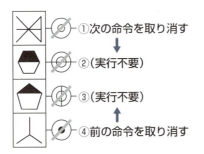

　まず，取り消し命令 ─◯─ と ─●─ を実行すると，ほかに実行する命令がありません。つまり，正解は元図と同じ「**C**」です。

問13 正解：D

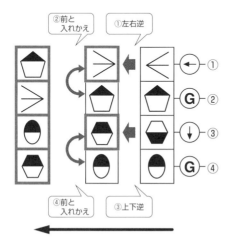

1番目と2番目の命令，3番目と4番目の命令と，上下2つに分けて考えると解きやすい設問です。図形を逆向きにして入れかえを2回くり返します。

まず，1番目と2番目は，命令 ← により1番目の図形が左右逆，命令 G により1番目と2番目の図形の順番が入れかわります。

次に，3番目と4番目は，命令 ↓ により3番目の図形が上下逆，命令 G により3番目と4番目の図形の順番が入れかわります。

よって，正解は「D」です。

命令表

問14 正解：**B**

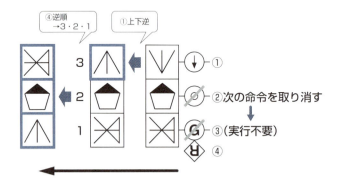

まず，取り消し命令 ─◯─ を実行します。

あとは，残った命令を上から順に実行すると，命令 ─↓─ により1番目の図形が上下逆，命令 H により図形の順番が逆になります。

よって，正解は「**B**」です。

問15　正解：C

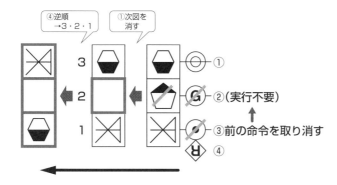

まず，取り消し命令 ー●ー を実行します。

あとは，残った命令を上から順に実行すると，命令 ー○ー により2番目の図形が消え，命令 〈R〉 により図形の順番が逆になります。

よって，正解は「C」です。

命令表

問16 正解：**C**

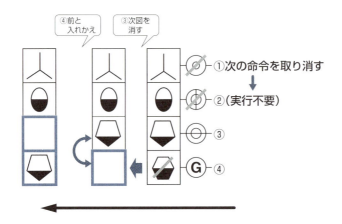

まず，取り消し命令 ─◯─ を実行します。

あとは，残った命令を上から順に実行すると，命令 ─⊖─ により4番目の図形が消え，命令 ─Ⓖ─ により3番目と4番目の図形の順番が入れかわります。

よって，正解は「**C**」です。

問17　正解：A

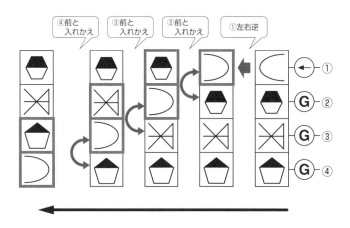

上から順番に命令を実行していきます。

命令 ←- により1番目の図形が左右逆になります。

次に，命令 -G- を3回繰り返すことで，図形の順番が，元図と比べて「2・3・4・1」に変わります。

よって，正解は「**A**」です。

命令表

問18　正解：D

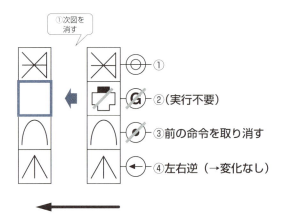

まず、取り消し命令 －●－ を実行します。

あとは、残った命令を上から順に実行すると、命令 －○－ により2番目の図形が消えます。

最後の命令 －←－ は「左右を逆さまにする」ですが、∧は、左右を逆さまにしても変化はなく、元図と同じ形です。

よって、正解は、2番目の図形が消えて、ほかは元図のままの「**D**」です。

問19　正解：B

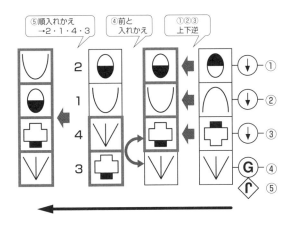

上から順番に命令を実行していきます。

まず，1番目から3番目までは命令 ⬇ により，図形が上下逆になります。

残りは入れかえ命令なので，命令に従って順番を入れかえると，元図と比べて「2・1・3・4」の順に変わります。

よって，正解は「**B**」です。

命令表

問20　正解：**E**

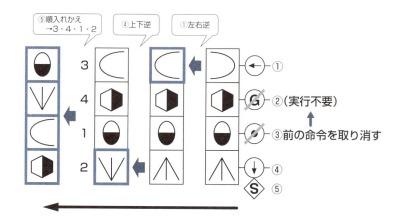

まず，取り消し命令 ─●─ を実行します。

あとは，残った命令を上から順に実行すると，命令 ─←─ により1番目の図形が左右逆，命令 ─↓─ により4番目の図形が上下逆になります。

最後に，命令 ⟨S⟩ により図形の順番が「3・4・1・2」に変わります。

よって，正解は「**E**」です。

問21　正解：B

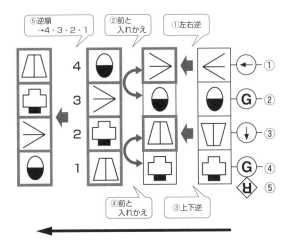

上から順番に命令を実行していきます。

まず，命令 ← により1番目の図形が左右逆，命令 G により1番目と2番目の図形の順番が入れかわります。

次に，命令 ↓ により3番目の図形が上下逆，命令 G により3番目と4番目の図形の順番が入れかわります。

最後に，命令 H により図形の順番が逆になります。

よって，正解は「**B**」です。

命令表

問22　正解：C

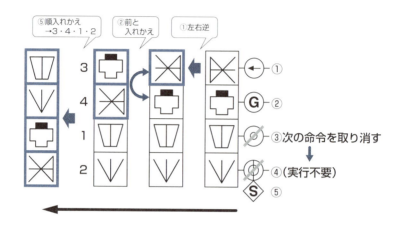

まず，取り消し命令 -〇- を実行します。

あとは，残った命令を上から順に実行すると，命令 -←- により1番目の図形が左右逆，命令 -G- により1番目と2番目の図形の順番が入れかわります。

最後に，命令 S により図形の順番が「3・4・1・2」に変わります。

よって，正解は「C」です。

問23　正解：**B**

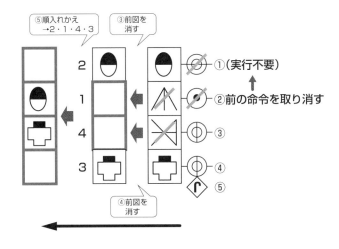

まず，取り消し命令 -(●)- を実行します。

あとは，残った命令を上から順に実行すると，命令 -(⊕)- が2回続くことにより2番目と3番目の図形が消え，命令 ⟨𝑟⟩ により図形の順番が「2・1・4・3」に変わります。

よって，正解は「**B**」です。

命令表

問24 正解：**E**

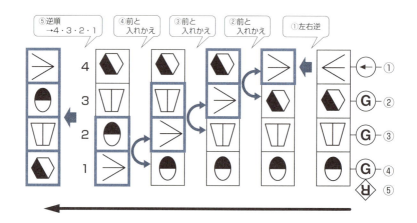

上から順番に命令を実行していきます。

まず，命令 ← により1番目の図形が左右逆になります。

次に，命令 G が3回続くことにより，図形の順番が元図と比べて「2・3・4・1」に変わります。

最後に，命令 H により図形の順番が逆になります。

よって，正解は「**E**」です。

問25 正解：B

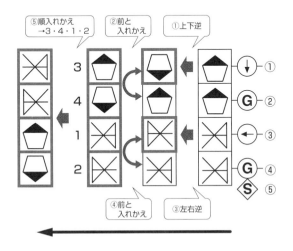

　同じ形の図形が2つずつあり，それぞれ片方の向きを変えてから順番が入れかわるので，最終的にどの向きがどの位置にくるのか間違えやすい設問です。頭で考えるだけでなく，実際に書込みをしたほうが確実です。

　向きさえ間違えなければ，上から順番に命令を実行すれば解ける設問です。

　まず，命令 ↓ により1番目の図形が上下逆，命令 G により1番目と2番目の図形の順番が入れかわります。

命令表

　次に，命令 –←– により3番目の図形が左右逆，命令 –Ⓖ– により3番目と4番目の図形の順番が入れかわります。

　最後に命令 ◇Ⓢ◇ により図形の順番が「3・4・1・2」に変わります。

　よって，正解は「**B**」です。

ⒸⒶⒷ暗　号

- *図形の変化から暗号の内容を解読する設問。*
- *制限時間20分で39問出題される。*

概要

　「暗号」は，CABの能力検査の４種類目です。

　図形の変化から暗号の内容を解読する設問です。（※また，図形の暗号だけではなく，文字を使った暗号もあります。）

　問題冊子への書込みをしてもかまいません。

　39問が制限時間20分で出題されます。１つの暗号図とそれに連なる３つの設問で１つのブロックを形成しています。ですから，全部で13ブロック各３問で，合計39問です。

　つまり，１つのブロック（１暗号図＋３問）を約90秒で解かなければいけません。かなりのスピードが要求されます。

　さらにいうと，１問当たり約90秒というのはあくまで平均した時間です。

　実際は，前半に易しい設問があり，後半に進んでいくほど難しい設問になります。前半の易しい設問は90秒よりも短い時間で解く必要があります。そのくらいのスピードでなければ，全問回答は難しいでしょう。

　それでは例題をやってみましょう。

暗　号 － 概要・例題 | **129**

例題

巻末の「CAB暗号の指令内容」を切り取り、見やすい場所に置いてください。この「CAB暗号の指令内容」をよく読んでから、設問に答えなさい。暗号図における図形の変化から、暗号の内容を解読し、続く設問の答えをA〜Eから1つ選び、丸で囲みなさい。

※実物はマークシート方式ですが、本書では選択肢を丸で囲む形式にしています。

(制限時間90秒)

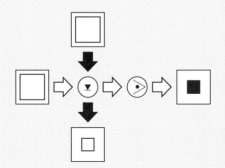

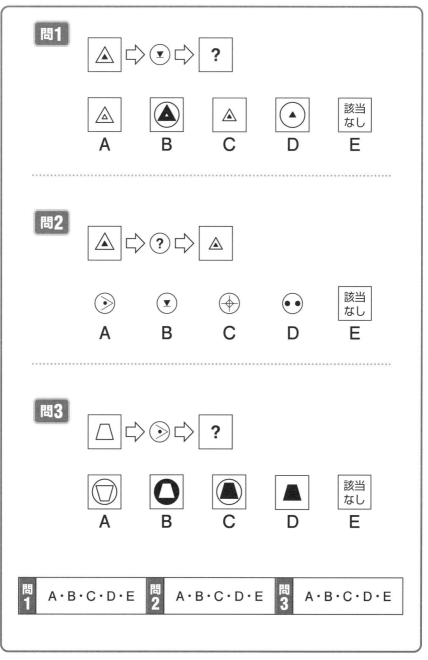

例題の解説

暗号図

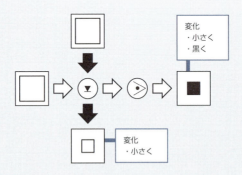

暗号には，1つの変化だけで使われる「単独の暗号」と，いくつもの変化に使われる「共通の暗号」があります。

　まずは，暗号図から複数の図形に共通する変化を見つけて，共通の暗号を解読し，残る変化から単独の暗号を解読します。

　この例題の場合，2つの変化 □ → ■ と，□ → □ の両方に登場する (▼) が，共通の暗号です。

　共通の暗号は，通常，複数の図形に共通する変化から解読するのですが，この例題の場合は，□ → □ に登場する暗号が (▼) だけなので，□ → □ の変化がそのまま暗号 (▼) の役割ということになります。

　□ → □ の変化は「小さく」なので，暗号 (▼) の役割は「図形を小さくする」だとわかります。

　□ → ■ の残る変化から，もう1つの暗号 (▷) の役割がわかります。

　□ → ■ の残る変化は，「黒く」なので，暗号 (▷) の役割は「黒く塗りつぶす」です。

暗　号 − 概要・例題 | **133**

　暗号 ⊙ は「図形を小さくする」ですから，△ が小さくなった図形が正解です。よって，正解は「**C**」です。

　△ が暗号を通過したことによって，小さくなっています。

　「図形を小さくする」という内容の暗号は ⊙ です。よって，正解は「**B**」です。

　暗号 ⊙ は「黒く塗りつぶす」ですから，△ が黒くなった図形が正解です。よって，正解は「**D**」です。

①図形の余白に変化を書き込む！

もとの図形と比べて，最終的な図形がどのような変化をしたかを余白に書き込みましょう。

②共通の暗号，共通の変化に注目する！また，単独の暗号，単独の変化に注目する！

余白に書き込んだ変化から，複数の図形に共通の変化を見つけましょう。その共通の変化が，共通に通過した暗号の役割になります。

そして，ある図形の単独の変化は，単独に通過した暗号の役割になります。

③通過している暗号が少ない図形から解読を始める！

通過している暗号が少ない図形ほど解読がしやすいのです。

④「反転」という変化の暗号がある！

単に「黒く塗りつぶす」ではなく，「白黒を反転させる」という役割の暗号もあります。つまり，その暗号を通過すると，白い図形は黒くなり，黒い図形は白くなるのです。こうした暗号を「反転」と理解するとよいでしょう。

ほかにも，「外側と内側の図形の大きさを入れかえる」などがありえます。つまり，その暗号を通過すると，大きい図形は小さくなり，小さい図形は大きくなるのです。

ＣＡＢ暗　号

再現設問

※実物の検査では，設問数39問で制限時間20分です。
※実物はマークシート方式ですが，本書では選択肢を丸で囲む形式にしています。

18問
10分

巻末の「CAB暗号の指令内容」を切り取り，見やすい場所に置いてください。
この「CAB暗号の指令内容」をよく読んでから，設問に答えなさい。
暗号図における図形の変化から，暗号の内容を解読し，続く設問の答えをA～
Eから1つ選び，丸で囲みなさい。

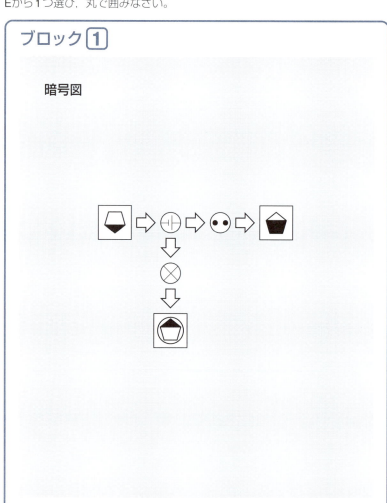

▶▶ 解答・解説 148ページ

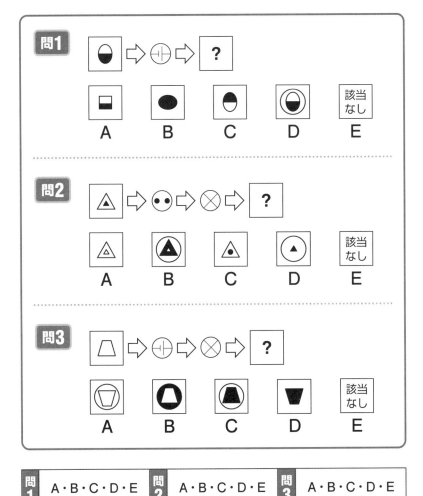

暗　号

ブロック 2

暗号図

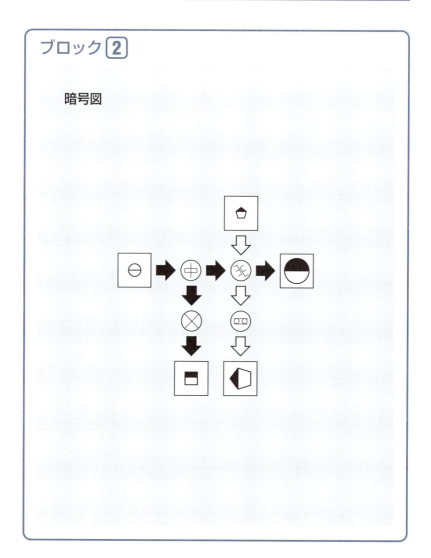

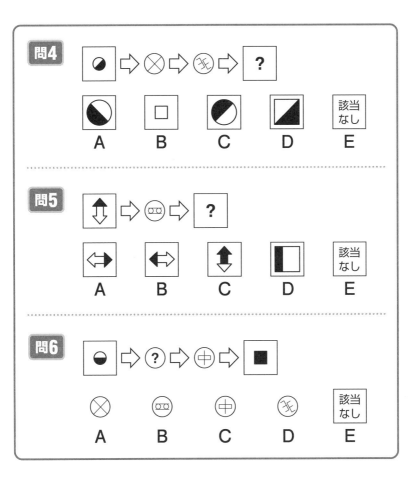

暗 号

ブロック ③

暗号図

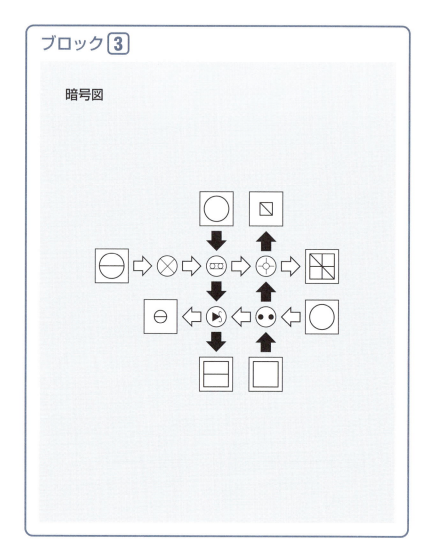

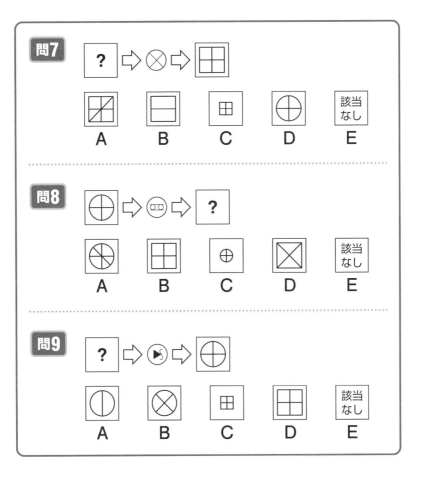

暗 号

ブロック 4

暗号図

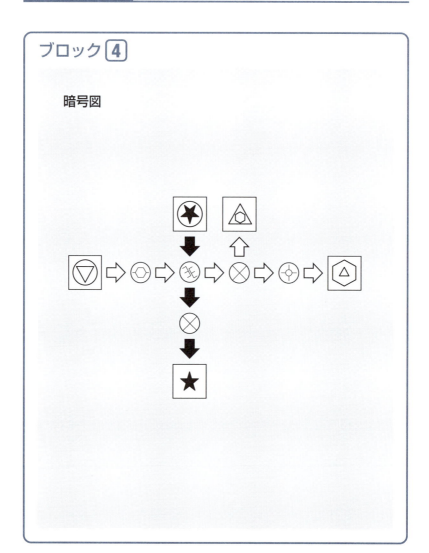

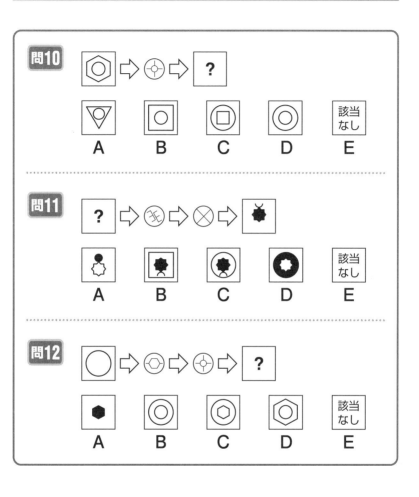

暗　号

ブロック 5

暗号図

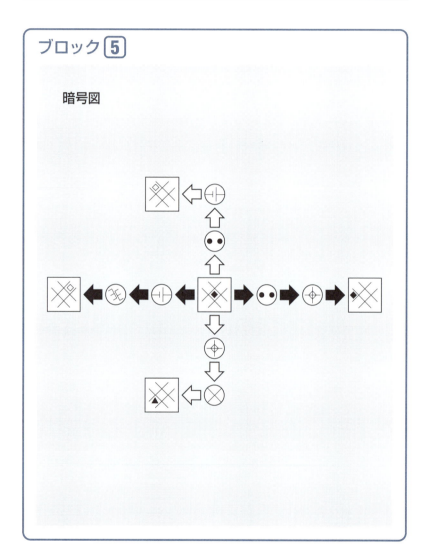

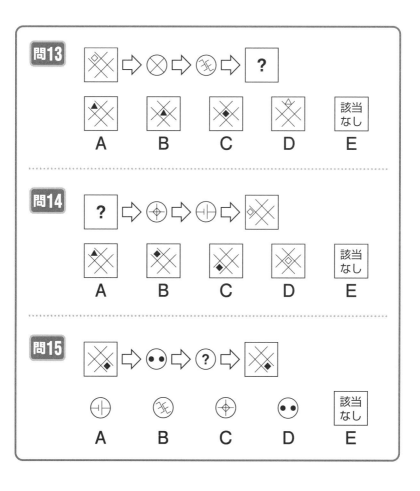

暗 号

ブロック 6

暗号図

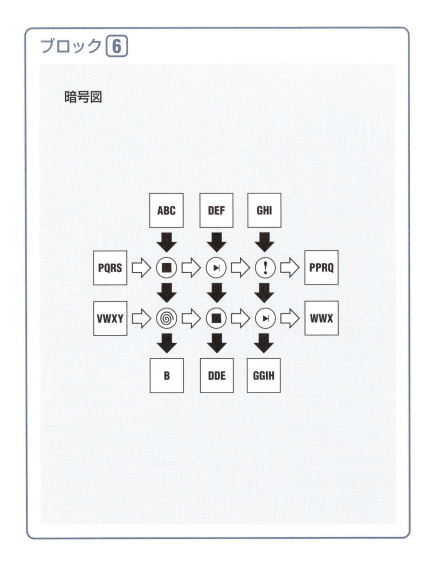

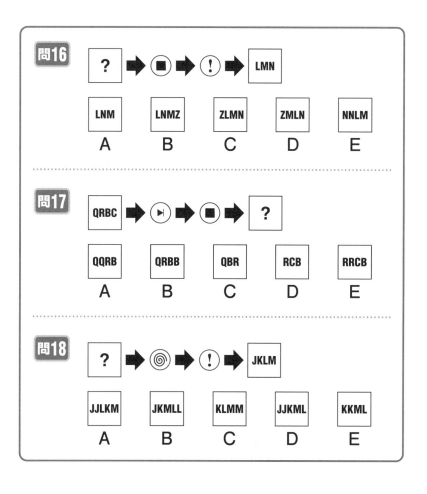

解答・解説

ブロック 1

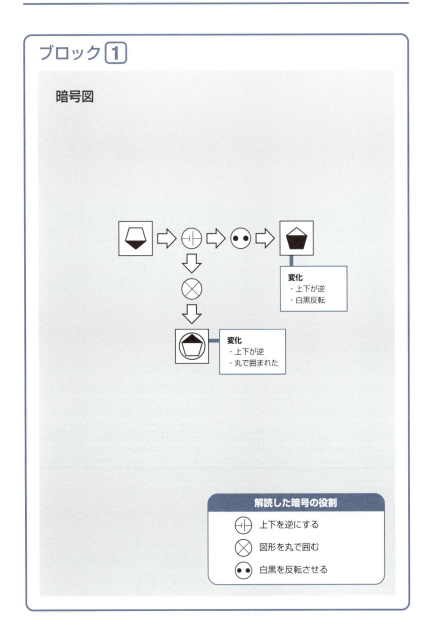

148 | Part 1 CAB

各図形の変化は，左図のとおりです。ここから共通の変化を見つけて共通の暗号を解読，残る変化から単独の暗号を解読します。

まず，共通の暗号 ⊞ に注目すると，この暗号がある ▽ → ⬟ と，▽ → に共通の変化は，「上下が逆」です。よって，暗号 ⊞ の役割は「上下を逆にする」です。

次に，それぞれの残る変化から，もう1つの暗号の役割がわかります。

▽ → ⬟ の残る変化は「白黒反転」なので，暗号 ⊙ の役割は「白黒を反転させる」です。

▽ → の残る変化は「丸で囲まれた」なので，暗号 ⊗ の役割は「図形を丸で囲む」です。

暗　号

問1　正解：C

暗号 ⊕ は「上下を逆にする」なので、◓ が ◒ に変わります。
よって、正解は「**C**」です。

問2　正解：B

まず、暗号 •• は「白黒を反転させる」なので、△ が ▲ に変わります。
次に、暗号 ⊗ は「図形を丸で囲む」なので、▲ が ⓐ に変わります。
よって、正解は「**B**」です。

問3　正解：A

まず、暗号 ⊕ は「上下を逆にする」なので、△ が ▽ に変わります。
次に、暗号 ⊗ は「図形を丸で囲む」なので、▽ が ⓥ に変わります。
よって、正解は「**A**」です。

ブロック 2

暗号図

変化
・上半分が黒く
・大きく

変化
・上半分が黒く
・丸が四角に

変化
・反時計回りに90度回転
・大きく

解読した暗号の役割

⊕	上半分を黒く塗りつぶす
⊗	丸を四角に変える
✳	図形を大きくする
∞	反時計回りに90度回転する

暗　号 － 解答・解説 | **151**

暗　号

各図形の変化は，前図のとおりです。

まず，共通の暗号 ㊥ に注目すると，この暗号がある ⊖ → ⬒ と， ⊖ → ◓ に共通の変化は，「上半分が黒く」です。よって，暗号 ㊥ の役割は「上半分を黒く塗りつぶす」です。

次に，それぞれの残る変化から，もう1つの暗号の役割がわかります。

⊖ → ◓ の残る変化から判断すると，暗号  の役割は「図形を大きくする」です。

⊖ → ⬒ の残る変化から判断すると，暗号 ⊗ の役割は「丸を四角に変える」です。

最後に，暗号  は， ⬠ →  の変化から解読します。すでに暗号  の役割は，「図形を大きくする」だとわかっているので，残る変化から判断すると，暗号  の役割は「反時計回りに90度回転する」です。

問4 正解：D

暗号⊗は「丸を四角に変える」，暗号✱は「図形を大きくする」なので，変化後の図形は◢になります。

よって，正解は「**D**」です。

問5 正解：B

暗号⚌は「反時計回りに90度回転する」なので，変化後の図形は⬅➡になります。

よって，正解は「**B**」です。

問6 正解：A

図形◓→■の変化は，「上半分が黒く」と「丸が四角に」です。暗号⊕は「上半分を黒く塗りつぶす」だとわかっているので，残る暗号の役割は「丸を四角に変える」です。

よって，正解は「**A**」です。

暗号

ブロック ③

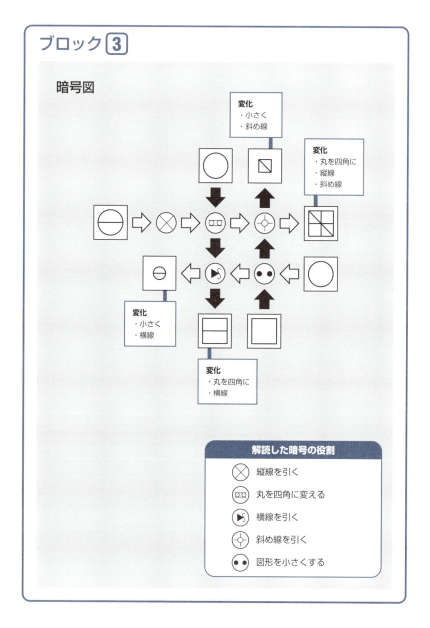

各図形の変化は，左図のとおりです。

まず，共通の暗号 (▶) に注目すると，この暗号がある ◯ →

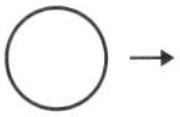

▤ と，◯ → ⊖ に共通の変化は，「横線」です。よって，暗

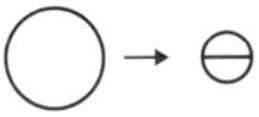

号 (▶) の役割は「横線を引く」です。

次に，それぞれの残る変化から，もう1つの暗号の役割がわかり

ます。◯ → ▤ の残る変化から判断すると，暗号 (ᴑᴑ) の役割

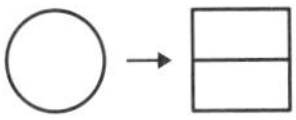

は「丸を四角に変える」です。◯ → ⊖ の残る変化から判断す

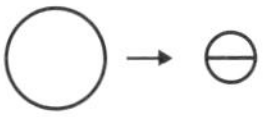

ると，暗号 (••) の役割は「図形を小さくする」です。

ここまでにわかった情報を使って，ほかの暗号も解きます。

暗号 (⊕) は，▢ → ◹ の変化から解読します。すでに，暗号

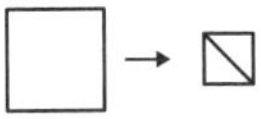

(••) の役割は「図形を小さくする」だとわかっているので，残る

変化から判断すると，暗号 (⊕) の役割は「斜め線を引く」です。

暗号 (⊗) は，⊖ → ⊞ の変化から解読します。すでに，暗号

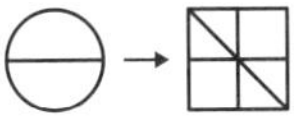

(⊕) の役割は「斜め線を引く」，(ᴑᴑ) の役割は「丸を四角に変える」

だとわかっているので，残る変化から判断すると，暗号 (⊗) の役

割は「縦線を引く」です。

暗　号

問7　正解：B

　暗号 ⊗ の役割は「縦線を引く」です。縦線を引いた結果が ⊞ なので，この図形から縦線を消した図形が正解です。

　よって，正解は「**B**」です。

問8　正解：B

　暗号 ⌷ は「丸を四角に変える」なので，外枠を丸から四角に変えた図形が正解です。

　よって，正解は「**B**」です。

問9　正解：A

　暗号 ▶ は「横線を引く」です。横線を引いた結果が ⊕ なので，この図形から横線を消した図形が正解です。

　よって，正解は「**A**」です。

ブロック 4

暗号図

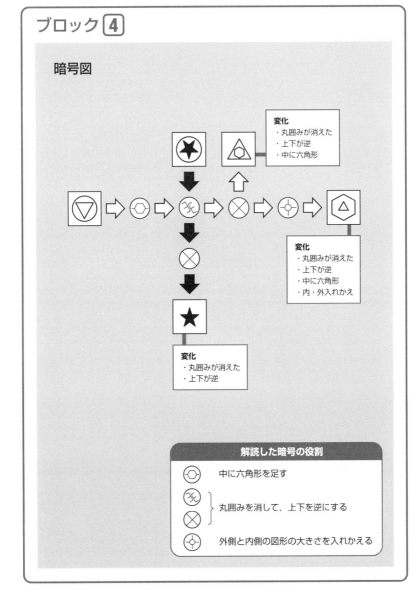

暗　号

　各図形の変化は，前図のとおりです。

　まず，共通の暗号 ⊛ と ⊗ に注目します。この2つの暗号は，常に隣どうしのため，バラバラには解読できません。そこで，2つを1組にして解読することにします。念のため，設問も見ると，やはり隣どうしなので，設問を解くうえでも支障はありません。

　暗号 ⊛ と ⊗ がある ★ → ★ と， ▽ → △ に共通の変化は，「丸囲みが消えた」と「上下が逆」です。よって，暗号 ⊛ と ⊗ の役割は，この2つを合わせて「丸囲みを消して，上下を逆にする」です。

　また， ▽ → △ の残る変化から判断すると，暗号 ⬡ の役割は「中に六角形を足す」です。

　最後に，暗号 ⊕ は， △ → △ の変化から解読します。すでに暗号 ⊛ と ⊗ が「丸囲みを消して上下を逆にする」，暗号 ⬡ が「中に六角形を足す」だとわかっています。よって，残る変化から判断すると，暗号 ⊕ の役割は「外側と内側の図形の大きさを入れかえる」です。

問10　正解：E

（該当なし）

　暗号 ⊕ は「外側と内側の図形の大きさを入れかえる」なので，外側が円，内側が六角形の図形が正解です。しかし，選択肢の中にはないので，正解は「**E：該当なし**」です。

問11　正解：C

　暗号 ✻ と暗号 ⊗ で「丸囲みを消して，上下を逆にする」です。つまり，🐞 を上下逆にして，丸で囲めば正解の図形になります。

　よって，正解は「**C**」です。

問12　正解：D

　暗号 ⌬ は「中に六角形を足す」，暗号 ⊕ は「外側と内側の図形の大きさを入れかえる」なので，外側が六角形で，内側が円の図形が正解です。

　よって，正解は「**D**」です。

暗号

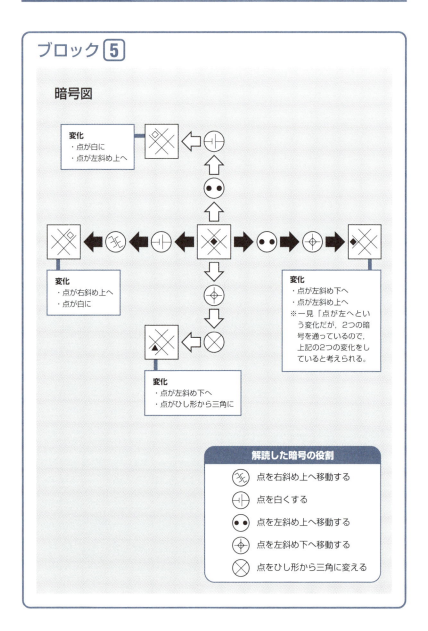

各図形の変化は，左図のとおりです。

　まず，共通の暗号 ⊞ に注目すると，この暗号がある ※ → ⊗ と，※ → ⊗ に共通の変化は，「点が白に」です。よって，暗号 ⊞ の役割は「点を白くする」です。

　次に，それぞれの残る変化から，もう1つの暗号の役割がわかります。※ → ⊗ の残る変化から判断すると，暗号 •• の役割は「点を左斜め上へ移動する」です。※ → ⊗ の残る変化から判断すると，暗号 ⊛ の役割は「点を右斜め上へ移動する」です。

　ここまでにわかった情報を使って，ほかの暗号も解きます。

　暗号 ⊕ は，※ → ◆× の変化から解読します。すでに，暗号 •• は「点を左斜め上へ移動する」だとわかっているので，残る変化から判断すると，暗号 ⊕ の役割は「点を左斜め下へ移動する」です。

　暗号 ⊗ は，※ → ▲× の変化から解読します。すでに，暗号 ⊕ は「点を左斜め下へ移動する」だとわかっているので，残る変化から判断すると，暗号 ⊗ の役割は「点をひし形から三角に変える」です。

暗　号 － 解答・解説 | **161**

暗 号

問13　正解：D

暗号⊗は「点をひし形から三角に変える」，暗号✳は「点を右斜め上へ移動する」なので，正解は「**D**」です。

問14　正解：B

暗号⊕は「点を左斜め下へ移動する」，暗号⊖は「点を白くする」なので，正解は「**B**」です。

問15　正解：E

暗号••は「点を左斜め上へ移動する」です。設問のように，点の位置をもとに戻すには「点を右斜め下へ移動する」という暗号が必要です。暗号図にはそのような暗号はないので，正解は「**E：該当なし**」です。

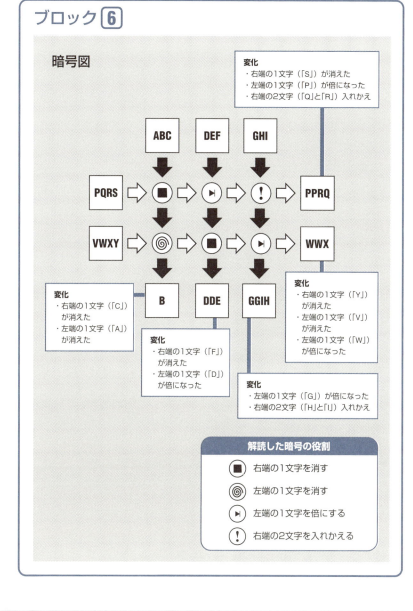

暗　号

　各図形の変化は，前図のとおりです。

　まず，共通の暗号 (■) に注目すると，この暗号がある「**ABC**」→「**B**」と，「**DEF**」→「**DDE**」に共通の変化は，「右端の1文字が消えた」です。よって，暗号 (■) の役割は「右端の1文字を消す」です。

　次に，それぞれの残る変化から，もう1つの暗号の役割がわかります。

　「**ABC**」→「**B**」の残る変化から判断すると，暗号 (◎) の役割は「左端の1文字を消す」です。

　「**DEF**」→「**DDE**」の残る変化から判断すると，暗号 (▶) の役割は，「左端の1文字を倍にする」です。

　最後に，暗号 (!) は，「**GHI**」→「**GGIH**」の変化から解読します。すでに暗号 (▶) の役割は，「左端の1文字を倍にする」だとわかっているので，残る変化から判断すると，暗号 (!) の役割は「右端の2文字を入れかえる」です。

問16　正解：B

　暗号■は「右端の1文字を消す」，暗号❗は「右端の2文字を入れかえる」なので，「**LMN**」の前段階は「**LNM**」で，その右に文字が書かれているものが正解です。よって，正解は「**B**」です。

問17　正解：A

　暗号▶は「左端の1文字を倍にする」，暗号■は「右端の1文字を消す」なので，「**QRBC**」→「**QQRBC**」→「**QQRB**」と変化します。よって，正解は「**A**」です。

問18　正解：D

　暗号◎は「左端の1文字を消す」，暗号❗は「右端の2文字を入れかえる」なので，「**JKLM**」の前段階は「**JKML**」で，その左に文字が書かれているものが正解です。よって，正解は「**D**」です。

Part ❷

ⒼⒶⒷ

ⒼⒶⒷ概　要

- *GABはSHL社製の総合適性検査。*
- *言語能力検査・計数能力検査・性格検査で構成。*

GABとは何か？

　GABはSHL社製の総合適性検査です。

　商社や証券会社，総合研究所などを中心に幅広く使用されています。

　GABは言語能力検査・計数能力検査・性格検査の3つで構成されており，回答はマークシート方式です。

　誤謬率（誤答率）は測定していないので，多少自信のない設問でもマークを埋めておいたほうが有利です。

　言語能力検査は，1つの長文に対して4つの設問が出題されます。全部で13の長文，52の設問が出題されます。制限時間は25分間です。

　計数能力検査は7〜8つの表があり，表に関する設問が出題されます。設問は表の順番とは関係なくバラバラに出題されます。計算能力だけではなく，該当する表を探す検索能力が求められる検査です。全部で40問出題されます。難易度は後半に行くほど難しくなります。制限時間は35分間です。

性格検査はSHL社の適性検査すべてに共通です。ですから，GABもCABも性格検査は同じ内容です。

性格検査の詳細は，P239をご参照ください。

GABの構成

言語能力検査	52問	制限時間25分
計数能力検査	40問	制限時間35分
性格検査	68問	約30分

計　約90分

GABはWebテストにもなっている！

GABは紙ベースの問題冊子だけではなく，Webテストにもなっています。

Webテストはパソコンを使ってWeb上で受験する適性検査です。パソコンの画面上で解くので，紙ベースの適性検査のように直接書き込むことができません。ですから，慣れていないと解くのが困難です。

Webテスト版のGABは，紙ベースのものと異なる箇所がいくつかあります。Webテスト版のGABについての詳細は『Webテスト①完全対策』（実務教育出版刊）をご参照ください。

ⒼⒶⒷ計　数

- *7〜8つほどの表があり，表に関する設問が出題。*
- *制限時間35分で40問出題される。*

概要

　　GABの計数能力検査は7〜8つの表があり，表に関する設問が出題されます。設問は表の順番とは関係なくバラバラに出題されます。計算能力だけではなく，該当する表を探す検索能力が求められる検査です。

　　全部で40問出題されます。制限時間は35分です。つまり，1問を1分弱で解かなければいけません。

　　難しい設問は飛ばして，後から回答する方法もあります。

　　しかし，基本的には前半に易しい設問があり，後半に進んで行くほど難しい設問となります。

　　ただし，表によって難易度が大きく異なります。簡単な数値の表は，やはり設問の難易度も低いので，簡単な表の設問を連続して解いたほうがよいでしょう。

　　また，GABでは誤謬率（誤答率）は測定していないので，多少自信のない設問でもマークを埋めておいたほうが有利です。

170 | Part ❷ GAB

回答のしかたが独特

選択肢は5から10あります。

正解が「A」であると判断したときは，マークシートの「A」を鉛筆で埋めます。選択肢が6つ以上のときはマークシートへの回答のしかたが独特です。たとえば，6つ目の選択肢は「AB」なので，マークシートの「A」と「B」の両方を鉛筆で埋めます。

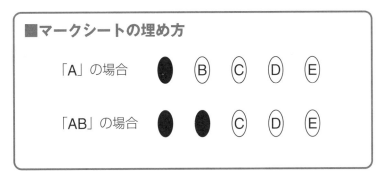

それでは，例題をやってみましょう。

例題

巻末の「GAB計数の表」を用いて，設問に答えなさい。

回答のしかた：正解がABであると判断したときは，回答欄のAとBの両
方を丸で囲みなさい。

※実物はマークシート方式ですが，本書では選択肢を丸で囲む形式にしています。

（制限時間30秒）

5歳の女子は平均してあと何年生きられると考えられるか。

A：65.6 　　　B：69.9 　　　C：71.8 　　　D：73.6 　　　E：75.5

AB：78.3 　　AC：78.8 　　AD：80.5 　　AE：85.5 　　BC：86.5

例題	A・B・C・D・E

例題の解説

「平均余命（簡易生命表）」表から，5歳の女子の平均余命は
「80.5」だとわかります。表の意味を理解できれば，表の該当する
数値を答えるだけの設問です。

正解 **AD**：80.5

①表に印をつけて，探しやすくする！

設問は表の順番とは関係なくバラバラに出題されます。ですから，7〜8つの表やグラフから，その設問に該当するものを探すのに時間がかかります。表を探しやすくするために，その表が何の表であるかを，表の余白に書いておきましょう。

たとえば，巻末の「GAB計数の表」であれば，最初の表はK商事に関する表なので，「K」と大きく印をつけます。次の表は5つの国別の統計なので，「国」と大きく印をつけておくといった要領です。

②選択肢の数値が離れている場合は，概算をする！

選択肢の数値どうしが大きく離れている場合は，四捨五入や切捨てを使って「概算（がいさん）」をすると，計算が素早くできます。「概算」とは，おおよその計算のことです。たとえば，「49×99」という計算ならば，両方の数値を四捨五入して，「50×100＝5000」と概算をし，「5000より少し小さい数値」と考えると，素早く答えを見つけることができます。

もちろん，選択肢の数値どうしが近い場合は，概算は不向きなので，通常の計算をします。

③概算のセンスを磨くには，CABの暗算を練習する！

CABの暗算は概算で計算をするという内容の設問です。さまざまなタイプの概算の設問が出題されるので，概算のセンスを磨くことに適しています。（CABの暗算　16ページ参照）

④簡単な表から回答する！　1つの表に関連する設問をまとめて回答する！

「平均余命（簡易生命表）」「C農場の生産高」などは数値も単純で，項目も少なく，使われている用語も簡単です。表が簡単ならば，当然，設問も簡単です。たとえば，「平均余命（簡易生命表）」に関連する設問すべてを連続して回答すればよいのです。その次に，「C農場の生産高」に関連する設問すべてを連続して回答すればよいのです。しかも，1つの表に関する設問を連続して解くので，頭の切替えをしなくて済みます。回答が終わった設問や表は斜線を引いて，消しておくとよいでしょう。

なお，この方法では，回答欄を間違えないように注意しなければいけません。

⑤正解の選択肢が，四捨五入した数値のことがある！

GABの計数能力検査では，正確な計算結果が小数点第2位以下になる場合，四捨五入した数値が正解の選択肢になっています。四捨五入のケタ数はまちまちです。正確な計算をして「答えがない」とあわてないようにしましょう。

GAB 計 数

再現設問

※この再現問題は実物の検査と同じ設問数・同じ制限時間です。
※実物はマークシート方式ですが，本書では選択肢を丸で囲む形式にしています。

巻末の「GAB計数の表」を用いて，設問に対する答えを丸で囲みなさい。
回答のしかた：正解がABであると判断したときは，回答欄のAとBの両方を丸で囲みなさい。

問1 20歳の男性は平均何歳まで生きると推定されるか。

A：23.7　B：28.9　C：51.8　D：57.5　E：66.3
AB：78.6　AC：78.8　AD：79.9　AE：85.6　BC：86.5

問2 C農場の小豆と大豆の合計生産高が過去最高だったのはいつか。

A：2000　B：2001　C：2002　D：2003　E：2004

問3 2007年のマグロの価格が，その年の一般物価上昇率と同じ割合でのみ上がった場合，2008年の初めにおけるマグロ価格指数はいくらか。

A：95　B：98　C：100　D：105　E：110
AB：115　AC：120　AD：125　AE：132　BC：該当なし

問1	A・B・C・D・E	問2	A・B・C・D・E	問3	A・B・C・D・E

計 数

問4 2013年に，女子のほうが男子より多く受験した学部はどれか。

A：文学部＋商学部　　B：商学部＋理学部
C：法学部＋文学部　　D：商学部＋法学部　　E：該当なし

問5 2013年のL国において，1人当たりの登録車両台数は何台か。

A：0.2　　B：0.3　　C：0.4　　D：0.5　　E：0.6
AB：0.7　　AC：2.0　　AD：3.0　　AE：4.0　　BC：答えられない

問6 2013年に，最も多くの電力を産出したのはどの発電所か。

A：ゼータ　　B：イータ　　C：シータ　　D：カッパ　　E：ラムダ

| 問4 | A・B・C・D・E | 問5 | A・B・C・D・E | 問6 | A・B・C・D・E |

▶▶ 解答・解説 191ページ

問7 2011年におけるK商事の売上は，1億円単位でおよそいくらか。

A：8　　　B：9　　　C：10　　　D：11　　　E：12
AB：13　　AC：14　　AD：15　　AE：16　　BC：17

問8 50歳の女性は，新生児の男子に比べ死亡年齢がおよそ何歳高いか。

A：1歳　　　B：2歳　　　C：3歳　　　D：4歳　　　E：5歳
AB：6歳　　AC：7歳　　AD：8歳　　AE：10歳　　BC：12歳

問9 2004年におけるC農場の大豆の生産高の割合はいくらか。

A：50%　　B：55%　　C：60%　　D：65%　　E：70%
AB：75%　　AC：80%　　AD：85%　　AE：90%　　BC：95%

問7 A・B・C・D・E　　問8 A・B・C・D・E　　問9 A・B・C・D・E

計　数 － 再現設問｜**177**

計 数

問10 2011年のマグロの価格が，その年の物価上昇率で上がったとして，2007年初めと，2012年初めのマグロ価格の差は，およそどれだけか。

A：58%　　B：52%　　C：54%　　D：57%　　E：58%
AB：61%　　AC：63%　　AD：68%　　AE：72%　　BC：75%

問11 2013年に理学部を受験した人の割合は，男女合計でおよそどれだけか。

A：15%　　B：20%　　C：25%　　D：30%　　E：35%
AB：40%　　AC：45%　　AD：50%　　AE：55%　　BC：60%

問12 2013年に，農業就業人口が最も多い国はどこか。

A：L国　　B：G国　　C：S国　　D：W国　　E：B国

| 問10 | A・B・C・D・E | 問11 | A・B・C・D・E | 問12 | A・B・C・D・E |

>> 解答・解説 195ページ

CAB 暗算

CAB 法則性

問13 2013年のシータおよびカッパ発電所の合計発電量はいくらか。（年間のメガワット単位）

A：180　　B：250　　C：440　　D：690　　E：1270
AB：2130　AC：2760　AD：2980　AE：3750
BC：答えられない

CAB 命令表

問14 K商事において，資本金に対する税引前利益率が前年比で最高になったのはいつか。

A：2010〜11　B：2011〜12　C：2012〜13
D：2013〜14　E：答えられない

CAB 暗号

問15 平均して，50歳の女性は同年齢の男性に比べ，死亡年齢は何歳高いか。

A：0　　　B：1.6　　C：2.7　　D：3.5　　E：4.7
AB：5.1　　AC：5.4　　AD：6.1　　AE：6.2　　BC：6.8

GAB 計数

GAB 言語

| 問13 | A・B・C・D・E | 問14 | A・B・C・D・E | 問15 | A・B・C・D・E |

計　数 − 再現設問｜**179**

計　数

問16 小豆の価格が大豆の価格の倍だとすると，C農場の売上が最高であった年はいつか。

A：2000　B：2001　C：2002　D：2003　E：答えられない

問17 2007年および2008年のマグロ指数が，一般物価上昇率で上がったとすると，それと2009年初めの実際のマグロ指数との差はどれだけか。

A：18.4　　B：19.8　　C：20.4　　D：22.6　　E：24.8
AB：28.0　AC：31.3　AD：41.3　AE：41.8
BC：該当なし

問18 2013年に法学部を受験した人のうち，女子の割合はどのくらいか。

A：0%　　B：10%　　C：20%　　D：30%　　E：40%
AB：50%　AC：60%　AD：70%　AE：80%　BC：90%

問16	A・B・C・D・E	問17	A・B・C・D・E	問18	A・B・C・D・E

180 | Part ❷ GAB

>> 解答・解説 198ページ

問19 2013年における1人当たりのGDPが最も高い国はどこか。

A：L国　B：G国　C：S国　D：W国　E：B国

問20 ゼータ発電所における年間費用の合計額は100万ドル単位でいくらか。

A：20　　　B：75　　　C：82　　　D：90　　　E：132
AB：160　　AC：164　　AD：259　　AE：375　　BC：該当なし

問21 2010年のK商事の売上高に対する税引前利益率はいくらか。

A：4%　　　B：6%　　　C：8%　　　D：10%　　　E：12%
AB：14%　　AC：16%　　AD：18%　　AE：20%　　BC：22%

問19 A・B・C・D・E　　問20 A・B・C・D・E　　問21 A・B・C・D・E

計 数

問22 新生児の男子に比べ，**20歳**の女性は何歳多く生きられるか。

A：0　　　B：1.2　　C：1.8　　D：2.3　　E：2.7
AB：3.5　　AC：4.9　　AD：5.6　　AE：7.3　　BC：9.2

問23 大豆がトン当たり**50**ドルで売れたとして，**2000**年における**C**農場の大豆の売上はいくらか。

A：15,000　　　B：20,000　　　C：50,000　　　D：75,000
E：100,000　　AB：120,000　　AC：150,000　　AD：175,000
AE：200,000　　BC：250,000

問24 マグロの価格の伸び率が前年比較で最も高いのはいつか。

A：2007〜8　B：2008〜9　C：2009〜2010
D：2010〜1　E：答えられない

問22	A・B・C・D・E	問23	A・B・C・D・E	問24	A・B・C・D・E

▶▶ 解答・解説 202ページ

問25 2013年の大学受験者数が男女同数であり，学部別率は男女とも表に出ているとおりで変わらないとすると，文学部を受験する割合は男女合計で何パーセントか。

A：21%　　B：23%　　C：25%　　D：27%　　E：29%
AB：31%　　AC：33%　　AD：39%　　AE：47%　　BC：55%

問26 2013年に，最も人口密度が高い国はどこか。

A：L国　　B：G国　　C：S国　　D：W国　　E：B国

問27 2013年に電力の産出が最も少ない発電所はどこか。

A：ゼータ　　B：イータ　　C：シータ　　D：カッパ　　E：ラムダ

問25	A・B・C・D・E	問26	A・B・C・D・E	問27	A・B・C・D・E

計　数 － 再現設問 | 183

計 数

問28 2010年と2014年を比較して，K商事の売上は何パーセント上がったか。

A：45%　　B：47%　　C：52%　　D：54%　　E：59%
AB：62%　　AC：64%　　AD：67%　　AE：69%
BC：答えられない

問29 50歳の男性の予測される死亡年齢は，新生児の女子の予測される死亡年齢と比較した場合高くなるか低くなるか。（高い場合）プラス何歳，（低い場合）マイナス何歳で答えよ。

A：+9歳　　B：+7歳　　C：+5歳　　D：+3歳　　E：同じ
AB：-3歳　　AC：-5歳　　AD：-7歳　　AE：-9歳
BC：該当なし

問30 C農場における2003年から2005年までの大豆の生産高は合計何トンか。

A：110　　　B：120　　　C：130　　　D：1,100
E：1,200　　AB：1,300　　AC：11,000　　AD：12,000
AE：13,000　　BC：答えられない

問28	A・B・C・D・E	問29	A・B・C・D・E	問30	A・B・C・D・E

184 | Part ❷ GAB

▶▶ 解答・解説205ページ

問31 前年と比較したときに，マグロ価格指数が最も変動した年はいつか。

A：2008　B：2009　C：2010　D：2011　E：答えられない

問32 男子受験者の10%が法学部を受験した場合には，法学部の受験者は何人増えるか（1の位を四捨五入して答えよ）。

A：1880　　B：1890　　C：1900　　D：1910　　E：1920
AB：1930　AC：1940　AD：1950　AE：1960
BC：該当なし

問33 2013年のガソリン消費の割合が各国同じだとして，100キロメートルの自動車走行に要するガソリン価格が一番高い国はどこか。

A：L国　B：G国　C：S国　D：W国　E：答えられない

問31	A・B・C・D・E	問32	A・B・C・D・E	問33	A・B・C・D・E

計　数 － 再現設問 ｜ **185**

計 数

問34 2013年に，最も安い単位コスト（固定費用＋変動費用）で電力を供給したのはどの発電所か。

A：ゼータ　B：イータ　C：シータ　D：カッパ　E：ラムダ

問35 2012年にK商事で前年と比較して下がった指標は次のどれか。

A：売上利益率　B：資本利益率　C：売上　D：資本
E：該当なし

問36 2つの年齢を比べて，男性の平均死亡年齢の差が最大になるのは次のうちどれか。

A：0～5　B：5～20　C：20～50　D：50～80
E：答えられない

| 問34 | A・B・C・D・E | 問35 | A・B・C・D・E | 問36 | A・B・C・D・E |

>> 解答・解説 208ページ

問37 年ごとに物価上昇率とマグロ価格指数上昇率を比べた場合，マグロの上昇率が物価の上昇率を最も大きく上回っている年はいつか。

A：2007　B：2008　C：2009　D：2010　E：答えられない

問38 2013年に，受験者の割合が最も多いのはどの学部か。

A：文学部　B：法学部　C：商学部　D：理学部
E：答えられない

問39 2013年において，1平方キロメートル当たりの登録車両台数が最も少ないのはどの国か。

A：L国　B：G国　C：S国　D：W国　E：B国

問37	A・B・C・D・E	問38	A・B・C・D・E	問39	A・B・C・D・E

計　数 － 再現設問｜**187**

計　数

問40 来年ラムダ発電所では，この発電所で供給可能な電力の60%が産出される見通しとなっている。仮に固定費用と変動費用が今年と同じだった場合，産出される電力の単位当たりの費用はどうなるか。

A：急激に落ちる　　B：少し落ちる　　　C：横バイ
D：増加する　　　　E：答えられない

問40 A・B・C・D・E

解答・解説

まず設問を解く前に表とグラフに印を付けておくと探しやすいでしょう。

K

K商事			
	2010年	2011年	201
資本金　（千円）	1,033,700	1,134,200	1,381,8
売上対資本金の割合	1.5：1	1.5：1	1.4
税引前利益（千円）	217,700	239,100	276,

電

発電所名	発電容量（メガワット）	固定費月（100万ドル
ゼータ	3000	25
イータ	2400	15
シータ	1200	75
カッパ	1800	90
ラムダ	1500	150

命

平均余命（簡易生命表）		
年齢	男	女
生後すぐ	78.3	85.2
5歳	73.6	80.5
20歳	58.8	65.6
50歳	30.4	36.5
80歳	8.2	11.0

マグロ

年	年間の物価上昇率（1月〜12月）	年初めのマグロ価格指数
2007	10%	100
2008	16%	133
2009	20%	146
2010	10%	111
2011	30%	129

国

国別統計（2013年）	登録車両台数（100万台）	人口（100万人）	面積（1000平方キロ）
L国	20.1	64.3	652.7
G国	26.2	73.7	298.4
S国	12.5	45.2	605.9
W国	2.8	7.7	49.6
B国	3.4	11.9	36.6

学

2013年の学部別受験数

	男子		人数
	人数	%	
文学部	6,905	22.3	6,0
法学部	1,182	3.8	1,78
商学部	12,046	38.9	2,7
理学部	8,508	27.5	6,4
その他	2,310	7.5	1,7
合　計	30,951	100.0	18,7

豆

C農場の生産高

単位百トン

計　数 − 解答・解説 **189**

計　数

問1 **20歳の男性は平均何歳まで生きると推定されるか。**

この設問は「命」表を使います。
20歳の男性の平均余命は58.8ですから

20＋58.8＝78.8

78.8歳まで生きると推定されます。よって，正解は「AC：78.8」です。

<u>正解</u>　**AC**：78.8

問2 **C農場の小豆と大豆の合計生産高が過去最高だったのはいつか。**

この設問は「豆」グラフを使います。
小豆と大豆の合計生産高はグラフの上方の線で表されていますから，最も高い2001年が正解です。よって，正解は「B：2001」です。

<u>正解</u>　**B**：2001

問3 **2007年のマグロの価格が，その年の一般物価上昇率と同じ割合でのみ上がった場合，2008年の初めにおけるマグロ価格指数はいくらか。**

この設問は「マグロ」表を使います。
2007年の物価上昇率は10％で，この年の初めのマグロの価格が100ですから，10％値上がりすると100×（1＋10％）＝110になります。よって，正解は「E：110」です。

<u>正解</u>　**E**：110

ポイント

100×（1＋10%）は100×（100%＋10%）とすることもできます。
もとの値に上乗せするような場合は「1＋10%」または「1＋0.1」
のようにもとの値を「1」として計算します。

問4 2013年に，女子のほうが男子より多く受験した学部はどれか。

この設問は「学」表を使います。

各選択肢の男子の人数と女子の人数を計算します。

文学部＋商学部
→ （男子）6,905＋12,046＝18,951
　（女子）6,045＋2,757＝8,802

商学部＋理学部
→ （男子）12,046＋8,508＝20,554
　（女子）2,757＋6,410＝9,167

法学部＋文学部
→ （男子）1,182＋6,905＝8,087
　（女子）1,785＋6,045＝7,830

商学部＋法学部
→ （男子）12,046＋1,182＝13,228
　（女子）2,757＋1,785＝4,542

どれも，男子のほうが女子よりも多いです。よって，正解は
「E：該当なし」です。

正解　**E：該当なし**

計 数

> **別解**：まず，各学部の男女数を見比べて，女子のほうが多い学部を探します。該当するのは法学部だけです。つまり，女子のほうが多い可能性があるのは，法学部を含む選択肢「C：法学部＋文学部」と「D：商学部＋法学部」だけです。
>
> そこで「法学部＋文学部」「商学部＋法学部」の男女の人数をそれぞれ計算してみます。
>
> 法学部＋文学部
> → （男子）1,182＋6,905＝8,087
> 　 （女子）1,785＋6,045＝7,830
>
> 商学部＋法学部
> → （男子）12,046＋1,182＝13,228
> 　 （女子）2,757＋1,785＝4,542
>
> 男子のほうが女子よりも多いことがわかりました。つまり，女子のほうが多い組合せはないので，正解は「E：該当なし」です。

問5 **2013年のL国において，1人当たりの登録車両台数は何台か。**

この設問は「国」表を使います。

1人当たりの登録車両台数は，（登録車両台数）÷（人口）で計算できます。表の単位は登録車両台数（台）も人口（人）も同じ「100万」のケタですから，表に記載されている数値をそのまま計算すればいいということになります。

L国は，20.1÷64.3＝0.312…→0.3。よって，正解は「B：0.3」です。

計算方法は20÷64のように概算でもかまいません。その場合も計算結果は「0.312…」とほぼ0.3です。

<u>正解</u> **B：0.3**

問6 2013年に，最も多くの電力を産出したのはどの発電所か。

この設問は「電」表を使います。
電力の産出量は（発電容量（メガワット））×（発電容量の使用率（%））で計算できます。
それぞれの発電所の産出量を計算すると，
ゼータ：3000×52%＝1560
イータ：2400×75%＝1800
シータ：1200×95%＝1140
カッパ：1800×55%＝990
ラムダ：1500×12%＝180
最も産出量の多い発電所はイータです。よって，正解は「B：イータ」です。

<u>正解</u>　**B**：イータ

問7 2011年におけるK商事の売上は，1億円単位でおよそいくらか。

この設問は「K」表を使います。
K商事の2011年の売上は（資本金）×（売上対資本金の割合）で計算できます。資本金の単位は千円です。
2011年のK商事の資本金は1,134,200で，売上対資本金の割合は1.5：1ですから，売上は1,134,200×1.5＝1,701,300です。
これは千円単位なので，1億円単位にする必要があります。
その場合，「，（カンマ）」がどのケタの後に付くかを覚えておくとケタの変更が簡単にできます。

　1，7 0 1，3 0 0（千円）
　↑　　　↑　　　↑
10億　100万　千

変更方法は，カンマを小数点に変えてカンマ位置に対応す

計　数 － 解答・解説 | **193**

計　数

る単位を付けるだけです。この設問の場合は1億円単位にしたいので，まずは近い単位の10億円の位置のカンマを小数点に変えると1.7013（10億円）になります。続いて小数点を1ケタ右に移して17.013（億円）とすれば，ケタ変更は終わりです。よって，正解は「BC：17」です。

<u>正解</u>　**BC**：17

問8　**50歳の女性は，新生児の男子に比べ死亡年齢がおよそ何歳高いか。**

この設問は「命」表を使います。
50歳の女性の平均余命は36.5歳で，死亡年齢は50歳＋36.5歳で86.5歳になります。新生児の男子の平均余命は78.3歳です。86.5－78.3＝8.2（歳）
よって，正解は「AD：8歳」です。

<u>正解</u>　**AD**：8歳

問9　**2004年におけるC農場の大豆の生産高の割合はいくらか。**

この設問は「豆」グラフを使います。
大豆の生産高の割合は（大豆生産高）÷（合計生産高）で計算できます。まず，2004年の大豆の生産高を計算します。単位は百トンです。
2004年の小豆と大豆の合計生産高が50，小豆が5です。
大豆の生産高は50－5＝45です。ですから大豆の生産高の割合は，45÷50＝0.9で90%になります。よって，正解は「AE：90%」です。

<u>正解</u>　**AE**：90%

194 | Part **2** GAB

問10 2011年のマグロの価格が，その年の物価上昇率で上がったとして，2007年初めと，2012年初めのマグロ価格の差は，およそどれだけか。

この設問は「マグロ」表を使います。

2011年初めのマグロの価格指数は129で，同年の物価上昇率が30％ですから，2012年初めのマグロ価格指数は，129×1.3＝167.7になります。2007年のマグロ価格指数は100ですから，約68％上がったことになります。よって，正解は「AD：68％」です。

<u>正解</u>　**AD**：68％

問11 2013年に理学部を受験した人の割合は，男女合計でおよそどれだけか。

この設問は「学」表を使います。

理学部を受験した人の割合は（理学部を受験した人数）÷（受験者の合計）で計算できます。まず，理学部を受験した人数は，男子8,508人，女子6,410人で，合計14,918人です。次に全学部の受験者の男女合計は，30,951＋18,722＝49,673（人）です。

ですから，理学部を受験した人の割合は，14,918÷49,673≒30.03％。よって，正解は「D：30％」です。

素早く答えを出すには，以上の計算を概算で行います。理学部を受験した人数は14,918人なので，ほぼ15,000人とします。男女の合計人数49,673人は50,000人とします。

15,000÷50,000＝0.3で30％という答えが簡単に導き出せます。

<u>正解</u>　**D**：30％

計　数 － 解答・解説 ｜ **195**

計　数

問12 2013年に，農業就業人口が最も多い国はどこか。

この設問は「国」表を使います。
農業就業人口は（人口（100万人））×（農業就業率（%））で計算します。各国の農業就業人口は，

　L国：64.3×7.9％＝5.0797
　G国：73.7×6.2％＝4.5694
　S国：45.2×13.9％＝6.2828
　W国：7.7×6.5％＝0.5005
　B国：11.9×4.3％＝0.5117

最も多いのはS国です。よって，正解は「C：S国」です。
素早く答えを出すには，比較対象を絞り込み，計算も概算で行います。
W国とB国は人口が少なく，農業就業率も1ケタですから比較の対象から除きます。また，残りの3国を比較するときは，最も就業率の高いS国を最初に計算します。S国の農業就業率13.9％は約14％ですから人口の約1/7です。45.2の1/7は「6とちょっと」になります。G国はS国に比べて就業率が半分以下で人口は2倍以下です。つまり，S国の数値を上回ることはできません。L国の農業就業率は7.9％なので約8％といえます。64.3の8％は6以上になることはありません。よって，S国が最も農業就業人口が多いということになります。

<u>正解　**C**：S国</u>

問13 2013年のシータおよびカッパ発電所の合計発電量はいくらか。（年間のメガワット単位）

この設問は「電」表を使います。
これは単純に双方の発電量を計算すればいいことです。単位はメガワットです。
シータ：1200×95％＝1140
カッパ：1800×55％＝990
合計は2130です。よって，正解は「AB：2130」です。

正解　**AB**：2130

問14 K商事において，資本金に対する税引前利益率が前年比で最高になったのはいつか。

この設問は「K」表を使います。
資本金に対する税引前利益率は（税引前利益）÷（資本金）で計算できます。
表全体を見ると，税引前利益も資本金の額も少しずつ増えています。利益率が前年比で最高の年を求めるには，まず税引前利益が前年と比べて大きく増加している年を探す必要があります。
表を見ると，明らかに2013→2014年の増加額が大きいのがわかります。税引前利益は40％以上伸びています。それに比べて資本金は10％も伸びていません。このような年はほかにはないので，やはりこの年が最も利益率が前年比で高かったということになります。よって，正解は「D：2013〜14」です。

正解　**D**：2013〜14

計　数 － 解答・解説｜**197**

計　数

問15 平均して，50歳の女性は同年齢の男性に比べ，死亡年齢は何
歳高いか。

この設問は「命」表を使います。

同年齢の男性に比べてですから，平均余命の数値の差になりま
す。（50歳女性の平均余命）−（50歳男性の平均余命）を計
算すると，36.5−30.4＝6.1です。よって，正解は「AD：
6.1」です。

<u>正解</u>　**AD**：6.1

問16 小豆の価格が大豆の価格の倍だとすると，C農場の売上が最
高であった年はいつか。

この設問は「豆」グラフを使います。

小豆の価格が大豆の倍ですから，小豆の生産高が多い年に注
目してみます。

小豆は2002年に最も多く生産されて，小豆が40（百トン）で
大豆が20（百トン）です。売上を計算すると40×2＋20＝100
になります。

次に最も合計生産高の多い2001年に注目してみます。

2001年は小豆が25（百トン）で大豆が45（百トン）です。売上
は25×2＋45＝95で2002年には及びません。その他の年は
小豆の生産高も合計生産高も2001年には及ばないので，売
上が最高の可能性はありません。

よって，正解は「C：2002」です。

<u>正解</u>　**C**：2002

198 | Part **②** GAB

問17 2007年および2008年のマグロ指数が，一般物価上昇率で上がったとすると，それと2009年初めの実際のマグロ指数との差はどれだけか。

この設問は「マグロ」表を使います。

2007年の物価上昇率は10%なので，2008年初めのマグロ指数は100×（1+10%）=110になります。

2008年の物価上昇率は16%なので，2009年初めのマグロ指数は110×（1+16%）=127.6です。

実際の2009年初めのマグロ指数は146なので，146−127.6=18.4です。

よって，正解は「A：18.4」です。

なお，物価上昇率から算出するマグロ指数は，

（100×（1+0.1））×（1+0.16）=（100+10）×（1+0.16）=100+10+16+1.6=127.6でも計算できます。

正解　**A**：18.4

問18 2013年に法学部を受験した人のうち，女子の割合はどのくらいか。

この設問は「学」表を使います。

法学部を受験した女子は1,785人，男子は1,182人なので，男女の合計は1,785+1,182=2,967で，約3,000人です。女子を約1,800人と概数にして女子の割合を計算すると1,800÷3,000=60%です。よって，正解は「AC：60%」です。

実際には1,785÷2,967≒60.2%になります。

正解　**AC**：60%

計　数 − 解答・解説 | **199**

計　数

問19 **2013年における1人当たりのGDPが最も高い国はどこか。**

この設問は「国」表を使います。

1人当たりのGDPは，（GDP（10億ドル））÷（人口（100万人））で計算できます。

まず，最もGDPが多い国（G国）と，最も人口の少ない国（W国）を先に計算します。

G国：1110÷73.7→1050÷70＝15

W国：150÷7.7→150÷7.5＝20

W国のほうが高い値です。次に，ほかの国でW国を上回りそうな国を探します。

L国：758÷64.3≒11.79

S国：240÷45.2≒5.31

B国：150÷11.9≒12.6

いずれも，W国の1人当たりのGDPに及びません。よって，正解は「D：W国」です。

正解　**D：W国**

問20 **ゼータ発電所における年間費用の合計額は100万ドル単位でいくらか。**

この設問は「電」表を使います。

この表では固定費用は年間の総額ですが，変動費用はメガワット当たりの単価です。

年間費用の合計額は（固定費用）＋（メガワット当たりの変動費用）×（発電量）で計算できます。ただし，表の数値で固定費用は100万ドル単位で，変動費用がドル単位ですので，単位の変更が必要です。

ゼータ発電所の変動費を計算します。

200 | Part ❷ GAB

発電量（メガワット）の計算：

　3000×52%→3000×50%＝1500

メガワット当たりの変動費用（ドル）×発電量の計算：

　150000×1500＝225000000

百万ドル単位にすると，

　225000000÷1000000＝225（百万ドル）

年間費用（百万ドル）の計算：

　25（固定費用）＋225（変動費用）＝250

よって，正解は最も近い数値の「AD：259」だとわかります。

<u>正解</u>　**AD**：259

問21 **2010年のK商事の売上高に対する税引前利益率はいくらか。**

この設問は「K」表を使います。

売上高に対する税引前利益率は（税引前利益）÷（売上高）で
計算できます。

2010年の売上高は，資本金×1.5＝1,033,700×1.5＝1,550,550

税引前利益率＝217,700÷1,550,550≒14.04%

よって，正解は「AB：14%」です。

素早く答えを出すには，以上の計算を概算で行います。売上
高＝1,000,000×1.5＝1,500,000。税引前利益217,700は売上
高の約1/7なので，パーセンテージに直すと約14%です。

<u>正解</u>　**AB**：14%

計　数 − 解答・解説 ｜ **201**

計　数

問22 **新生児の男子に比べ，20歳の女性は何歳多く生きられるか。**

この設問は「命」表を使います。
20歳の女性の平均余命は65.6で，新生児の男子の平均余命は78.3ですから，20＋65.6－78.3＝7.3で，7.3年多く生きられることになります。よって，正解は「AE：7.3」です。

<u>正解</u>　**AE**：7.3

問23 **大豆がトン当たり50ドルで売れたとして，2000年におけるC農場の大豆の売上はいくらか。**

この設問は「豆」グラフを使います。
2000年の大豆の生産高は，55－20＝35です。単位は百トンですから，35×100＝3500で，3500トン生産されたことになります。トン当たり50ドルですから，3500×50＝175000です。よって，正解は「AD：175,000」です。

<u>正解</u>　**AD**：175,000

問24 **マグロの価格の伸び率が前年比較で最も高いのはいつか。**

この設問は「マグロ」表を使います。
まず，両年のマグロ指数の差を見てみます。カッコ内は伸び率です。

2007〜8：133－100＝33（133÷100＝1.33→伸び率33％）
2008〜9：146－133＝13（146÷133≒1.098→伸び率9.8％）
2010〜1：129－111＝18（129÷111≒1.162→伸び率16.2％）

2009〜2010は減少していますので，「伸び率」には該当しません。

202 | Part ❷ GAB

最も伸び率が高いのは2007〜8です。よって，正解は「A：2007〜8」です。

なお，2007〜8のマグロ指数の差が33です。また，伸び率の計算に必要な分母は100です。ほかの年の分母は100より大きい値ばかりです。つまり，この年の伸び率をほかの年が上回るためには，マグロ指数の差が33より大きな数値にならなければなりません。そのような年はありませんので，複雑な計算をするまでもなく2007〜8が最も伸び率が大きいということになります。

<u>正解</u>　**A：2007〜8**

問25 **2013年の大学受験者数が男女同数であり，学部別率は男女とも表に出ているとおりで変わらないとすると，文学部を受験する割合は男女合計で何パーセントか。**

この設問は「学」表を使います。

この設問は，「男女同数で率は同じ」がポイントです。ですから，表中の男女の人数はまったく考えなくてもよい設問です。文学部の受験率は男子が22.3％で女子が32.3％です。計算上分母の数が同じなので，男女合計の割合はすなわち男女の受験率の平均値になります。$(22.3＋32.3)÷2＝27.3$。よって，正解は「D：27％」です。

また，別解として，$32.3－22.3＝10$，$10÷2＝5$，$22.3＋5＝27.3$（または$32.3－5＝27.3$）でも導き出せます。

<u>正解</u>　**D：27％**

計 数

問26 **2013年に，最も人口密度が高い国はどこか。**

この設問は「国」表を使います。
人口密度は1平方キロ当たりの人口です。
人口（100万人）÷面積（1000平方キロ）で計算できます。
ここでは，正確な計算は必要ありません。各国の比較ができ
ればいいのです。そこで計算しやすいように人口を表中の数
値の10倍にし，さらに概数で計算します。
L国：$64.3 \div 652.7 \rightarrow 640 \div 650 \fallingdotseq 1$
G国：$73.7 \div 298.4 \rightarrow 740 \div 300 \fallingdotseq 2.5$
S国：$45.2 \div 605.9 \rightarrow 450 \div 600 = 0.75$
W国：$7.7 \div 49.6 \rightarrow 80 \div 50 = 1.6$
B国：$11.9 \div 36.6 \rightarrow 120 \div 40 = 3$
B国が断然大きな数値になります。よって，正解は「E：B国」
です。

<u>正解</u> **E**：B国

問27 **2013年に電力の産出が最も少ない発電所はどこか。**

この設問は「電」表を使います。
電力の産出量は（発電容量）×（発電容量の使用率）で計算で
きます。
それぞれの発電所の産出量は，問6ですでに計算しているの
で，ここでは式は省略します。
こうした前の設問の回答を利用できるのも，カンタン攻略法④
「1つの表に関連する設問をまとめて回答する！」の利点です。
それぞれの発電所の産出量は，ゼータ：**1560**，イータ：
1800，シータ：**1140**，カッパ：**990**，ラムダ：**180**

204 | Part **❷** GAB

最も産出量の少ない発電所はラムダです。よって，正解は「E：ラムダ」です。

正解　**E**：ラムダ

問28 **2010年と2014年を比較して，K商事の売上は何パーセント上がったか。**

この設問は「K」表を使います。
K商事の売上は（資本金）×（売上対資本金の割合）で計算できます。2010年と2014年は売上対資本金の割合がいずれも1.5：1ですから，売上の上昇率は資本金の増加率と同じということになります。
そこで，資本金の増加率を計算します。
（2014年の資本金額）÷（2010年の資本金額）－1＝1,746,500÷1,033,700－1≒0.69。よって，正解は「AE：69％」です。

正解　**AE**：69％

問29 **50歳の男性の予測される死亡年齢は，新生児の女子の予測される死亡年齢と比較した場合高くなるか低くなるか。（高い場合）プラス何歳，（低い場合）マイナス何歳で答えよ。**

この設問は「命」表を使います。
50歳の男性の死亡年齢は50＋30.4＝80.4（歳）です。
新生児の女子は85.2ですから，80.4－85.2＝－4.8で，およそマイナス5歳になります。よって，正解は「AC：－5歳」です。

正解　**AC**：－5歳

計　数 － 解答・解説｜**205**

計　数

問30 C農場における2003年から2005年までの大豆の生産高は合計何トンか。

この設問は「豆」グラフを使います。
各年の大豆の生産高（単位は「百トン」）を計算します。

2003年：55－20＝35
2004年：50－ 5＝45
2005年：45－15＝30
35＋45＋30＝110

これは単位が百トンなのでトンに変更すると，

110×100＝11,000

よって，正解は「AC：11,000」です。

正解　**AC**：11,000

問31 前年と比較したときに，マグロ価格指数が最も変動した年はいつか。

この設問は「マグロ」表を使います。
プラスだけではなくマイナスも変動であることに注意しましょう。表のマグロ指数は年初めの値ですから，翌年のマグロ指数からその年のマグロ指数を引けば，その年の変動値になります。

2007年　133－100＝33
2008年　146－133＝13
2009年　111－146＝－35
2010年　129－111＝18

前年の変動値との差を求めます。

206 | Part **2** GAB

2008年　13－33＝－20
2009年　－35－13＝－48
2010年　18－（－35）＝53

2011年は，2012年のマグロ価格指数が不明なため，変動値が求められません。変動値が最も大きいのは2010年です。よって，正解は「C：2010」です。

<u>正解</u>　**C**：2010

問32 **男子受験者の10％が法学部を受験した場合には，法学部の受験者は何人増えるか。（1の位を四捨五入して答えよ）**

この設問は「学」表を使います。

男子受験者の10％の人数は，30,951×10％≒3,095（人）です。

表中の法学部を受験した男子の人数は1,182人なので増える人数は，3,095－1,182＝1,913（人）

設問は「1の位を四捨五入せよ」とありますので，1,910人になります。よって，正解は「D：1910」です。

<u>正解</u>　**D**：1910

計　数 － 解答・解説 | **207**

計　数

問33 **2013年のガソリン消費の割合が各国同じだとして，100キロメートルの自動車走行に要するガソリン価格が一番高い国はどこか。**

この設問は「国」表を使います。

表のガソリン価格を見比べて，一番高い国を選びます。一番高いのは，S国です。よって，正解は「C：S国」です。

<u>正解</u>　**C**：S国

問34 **2013年に，最も安い単位コスト（固定費用＋変動費用）で電力を供給したのはどの発電所か。**

この設問は「電」表を使います。

単位コストは，1単位（1メガワット）当たりにかかるコストです。

変動費用は，表の単位が「$／メガワット」と，すでに単位コストになっているので，表の数値がそのまま使えます。

固定費用は，（固定費用÷電力の産出量（発電容量×使用率））で単位コストを計算します。電力の産出量は，問6ですでに計算したものを使います。固定費用の単位は，表では「100万ドル」ですが，割り算がしやすいよう「万ドル」に変えます。

ゼータ：2500÷1560≒1.6（万ドル）

イータ：1500÷1800≒0.8

シータ：7500÷1140≒6.6

カッパ：9000÷990≒9.1

ラムダ：15000÷180≒83.3

最後に，固定費用と変動費用の単位コストを足します。単位

は万ドルに揃えます。

ゼータ：1.6＋15＝16.6
イータ：0.8＋20＝20.8
シータ：6.6＋5＝11.6
カッパ：9.1＋7＝16.1
ラムダ：83.3＋8＝91.3

最も単位コストが安いのはシータ発電所です。よって，正解は「C：シータ」です。

正解　**C**：シータ

問35 **2012年にK商事で前年と比較して下がった指標は次のどれか。**

この設問は「K」表を使います。
資本が下がっていないことは表の数字から明白です。表の2011年と2012年の数値をもとに，選択肢の項目について計算します。計算方法は以下の通りです。

売上＝（資本金）×（売上対資本金の割合）
売上利益率＝（税引前利益）÷（売上）
資本利益率＝（税引前利益）÷（資本金）

売上（2011年）＝1,134,200×1.5＝1,701,300
売上（2012年）＝1,381,800×1.4＝1,934,520
売上利益率（2011年）＝239,100÷（1,134,200×1.5）
　　　　　　　　　　＝239,100÷1,70,1300≒14.1％

計　数

売上利益率（2012年）＝276,900÷（1,381,800×1.4）
　　　　　　　　　　＝276,900÷1,934,520≒14.3％
資本利益率（2011年）＝239,100÷1,134,200≒21.08％
資本利益率（2012年）＝276,900÷1,381,800≒20.04％

下がった指標は資本利益率です。よって，正解は「B：資本利益率」です。

正解　**B**：資本利益率

問36 2つの年齢を比べて，男性の平均死亡年齢の差が最大になるのは次のうちどれか。

この設問は「命」表を使います。
男性の平均死亡年齢を計算してみます。

新生児　　78.3歳
5歳　　　 5＋73.6＝78.6歳
20歳　　　20＋58.8＝78.8歳
50歳　　　50＋30.4＝80.4歳
80歳　　　80＋8.2＝88.2歳

新生児から50歳まではその差は2歳以下ですが，50〜80歳では8歳近く違います。よって，正解は「D：50〜80」です。

正解　**D**：50〜80

問37 **年ごとに物価上昇率とマグロ価格指数上昇率を比べた場合，マグロの上昇率が物価の上昇率を最も大きく上回っている年はいつか。**

この設問は「マグロ」表を使います。
各年のマグロの価格の上昇率と物価上昇率を比較してみます。

	物価上昇率	マグロ価格上昇率
2007年	10%	(133−100)÷100＝33.0%
2008年	16%	(146−133)÷133≒9.8%
2009年	20%	(111−146)÷146＝マイナス
2010年	10%	(129−111)÷111≒16.2%

2011年は翌年のマグロ価格指数がわからないので比較することができません。
なお，2009年のマグロ価格上昇率はマイナスになるとわかった時点で，計算をする必要がありません。
計算結果から，「最も大きく上回っている年」は2007年です。
よって，正解は「A：2007」です。

<u>正解</u>　**A**：2007

問38 **2013年に，受験者の割合が最も多いのはどの学部か。**

この設問は「学」表を使います。
受験者の割合が最も多いということは，受験者の数が最も多いということです。つまり，学部別に男女人数の合計を出せばいいということです。表中の数値で最も多いのは商学部の男子です。そこで，商学部の男女合計人数を計算します。

12,046＋2,757＝14,803

計　数 － 解答・解説 | **211**

計 数

次に大きい数値は理学部の男子です。理学部の男女合計人数を計算します。

8,508＋6,410＝14,918

その次に大きいのは文学部の男子です。ただし，文学部は男女とも7,000人以下ですから，合計しても14,000人には達しません。よって，正解は「D：理学部」です。

<u>正解　**D**：理学部</u>

問39 2013年において，1平方キロメートル当たりの登録車両台数が最も少ないのはどの国か。

この設問は「国」表を使います。

この設問は数値の比較なので，計算する数値どうしのケタをそろえるため，登録自動車台数の数値を100倍して，面積で割るという計算方法をとります。計算しやすいように，面積も概数にします。

L国　2010÷650≒3
G国　2620÷300≒8.7
S国　1250÷600≒2.1
W国　280÷50＝5.6
B国　340÷35≒9.7

最も値が小さいのはS国です。よって，正解は「C：S国」です。

<u>正解　**C**：S国</u>

212 ｜ Part ❷ GAB

問40 来年ラムダ発電所では，この発電所で供給可能な電力の60％が産出される見通しとなっている。仮に固定費用と変動費用が今年と同じだった場合，産出される電力の単位当たりの費用はどうなるか。

この設問は「電」表を使います。
固定費用の単位当たりの費用は「固定費用÷電力の産出量」なので，電力の産出量が増えるほど，単位当たりの固定費用は安くなります。
変動費用は表の単位が「$／メガワット」と，すでに単位当たりの費用になっています。電力の産出量が増減しても，単位当たりの変動費用は変わりません。
つまり，今年と比べて来年の電力産出量が増えていれば単位当たりの費用は安く，減っていれば単位当たりの費用は高くなるのです。電力の産出は，今年は12.0％，来年は60％と大幅に増えているので，来年の費用は大幅に安くなります。
正解は「A：急激に落ちる」です。

参考までに，今年と来年の単位当たりの費用を比べると，以下のようになります。
今年の単位当たりの費用は，問34で計算ずみです。91.3万ドルです。
来年の単位当たりの費用は，1メガワット当たりの変動費用＋（固定費用÷電力の産出量（発電容量×使用率））で計算します。単位は万ドルです。
8＋（15000÷（1500×0.6））≒24.7
今年の91.3万ドルに対して，来年は24.7万ドルと1/3以下です。

正解　**A：急激に落ちる**

計　数 － 解答・解説 | **213**

ⒼⒶⒷ言　語

- *長文を読んで，設問文が論理的に正しいかどうかを判断する。*
- *長文を論理的に把握する力を測定している。*
- *制限時間25分で52問出題される。*

概要

　GABの言語能力検査は長文を読んで，設問文が

「A：本文から論理的に考えて明らかに正しい」

「B：本文から論理的に考えて明らかに間違っている」

「C：本文の情報だけでは正しいか間違っているかの判断はできない」

のいずれであるかを判断する形式です。

　1つの長文に対して4つの設問が出題されます。全部で13の長文，52の設問が出題されます。制限時間は25分間です。つまり，1つの長文（4設問）を，2分弱で解かなければいけません。

　比較的易しい長文と難しい長文が交互に出題されるので，難しい長文は飛ばして，後から回答する方法もあります。

　なお，誤謬率（誤答率）は測定していないので，多少自信のない設問でもマークを埋めておいたほうが有利です。

　それでは，例題をやってみましょう。なお，例題を始める前に，次のページの【GABの言語能力検査の説明】を必ず読んでください。

214 | Part ❷ GAB

【GABの言語能力検査の説明】

※この説明は，例題とそれに続く再現問題の両方に共通するものです。この説明に従って回答しなさい。

　この検査は，長文とその長文に関する4つの設問で構成されています。
　長文を読んで，設問文一つ一つについてA・B・Cのいずれに該当するかを判断しなさい。

> A：本文から論理的に考えて明らかに正しい。
> B：本文から論理的に考えて明らかに間違っている。
> C：本文の情報だけでは正しいか間違っているかの判断はできない。

　ただし，自分の価値観や常識，細かい言葉じりで判断しないでください。
　答えがはっきりとわからない場合でも，一番正しいと思う選択肢を選んでください。

言　語 － 概要・例題 | **215**

例題

まず，【GABの言語能力検査の説明】(215ページ)を読みなさい。その後で，以下の長文を読んで，設問文一つ一つについてA・B・Cのいずれに該当するかを判断し，丸で囲みなさい。

※実物はマークシート方式ですが，本書では選択肢を丸で囲む形式にしています。

(制限時間2分)

　ディベート能力はいかにしたら身につくのだろうか。最近では，日本でも小・中学校間でのディベート大会なるものが実施され，それなりの成果を挙げているようだが，それは一部の学校だけであり，多くの学生はディベート能力を培っていない。そのチャンスがないのである。

　私が欧米社会に行って，素晴らしいな！　といつも感じるのは，子供がまだ3～4歳の頃から，親は何か事があると，「君はそれについてどう考えるの？」というように，考えることを促す努力をしていることである。子供は必死で言葉を捜しながら，「僕はね，僕はえーとえーと，こう思うの」と，真剣に語ろうとしている。そうした日常での積み重ねが一人ひとりの主体的考えを育てていくのである。

　しかし，日本では，「○○ちゃん，それはこうですよ！」と，親の価値観，それもその前の代から受け継いだ価値観に基づく意見を断定的に，そして一方的に押しつけているケースが多い。これではディベート能力の前提として持つべき主体的考えが培われない。

　その意味からも，これからはもっと子供たちが自分のことを表現する場を設けるべきであろう。それは幼少の頃からの家庭生活においても，義務教育の場においてもである。私は長年，「小学生の時から卒業論文を書かせよ」ということを主張してきたが，それはこうした思いからである。

216 | Part ❷ GAB

A：本文から論理的に考えて明らかに正しい。

B：本文から論理的に考えて明らかに間違っている。

C：本文の情報だけでは正しいか間違っているかの判断はできない。

問1 ディベート能力は生まれながらに身についているものだ。

問2 すべての日本の親は子供に質問をし，考えることを促している。

問3 小学生には卒業論文が必要だ。

問4 ディベート能力を身につけるには，子供が自己表現をする場を増やすことが必要だ。

問1	A ・ B ・ C	問2	A ・ B ・ C
問3	A ・ B ・ C	問4	A ・ B ・ C

言　語 － 概要・例題 | **217**

例題の解説

問 1 ディベート能力は生まれながらに身についているものだ。

正解：C

　生まれた時点でディベート能力に差があるかどうかは，本文には特に書かれていません。ですから，正しいか間違っているかの判断はできません。

問 2 すべての日本の親は子供に質問をし，考えることを促している。

正解：B

　「子供に質問をし，考えることを促している」のは本文では欧米の親の事例として書かれています。日本では親の価値観を「一方的に子供に押しつけているケースが多い」ことが書かれています。つまり，設問文は本文と異なる内容が書かれており，明らかな間違いと判断できます。

問 3 小学生には卒業論文が必要だ。

正解：A

　「小学生の時から卒業論文を書かせよ」と本文中に記述があることから，設問文は本文の内容と合致します。

問 4 ディベート能力を身につけるには，子供が自己表現をする場を増やすことが必要だ。

正解：A

　この文章は**ディベート能力はいかにしたら身につくか**について書かれており，設問文の前半は本文と合致します。また，「子供たちが自分のことを表現する場を設けるべき」と本文中に記述があることから，設問文の後半も本文と合致します。

218 | Part ❷ GAB

基本的にはGABの言語能力検査は設問文が本文に合致しているかどうかの検索能力の検査だと考えるとよいでしょう。

A・B・Cの判断は，以下の手順で行うと最も効率的です。

- 設問の前半，後半のすべてに本文中に論拠があれば，それは「A：本文から論理的に考えて明らかに正しい」です。

- 設問の前半，後半のどちらかに本文中に論拠があっても，別のどちらかに本文中に反対の論拠があれば，それは「B：本文から論理的に考えて明らかに間違っている」です。

- 設問のどこかに本文中に記述のない箇所があれば，それは「C：本文の情報だけでは正しいか間違っているかの判断はできない」です。

実は,本書に掲載した選択肢は,実物の選択肢とは異なるものです。
「GABの言語能力検査」の実物の選択肢A・B・Cは以下のとおりです。

●「GABの言語能力検査」の実物の選択肢 ●

A：文脈の論理から明らかに正しい。または正しい内容を含んでいる。
B：文脈の論理から明らかに間違っている。または間違った内容を含んでいる。
C：本文の内容だけからでは,設問文は論理的に導けない。

選択肢Aの「または正しい内容を含んでいる」,選択肢Bの「または間違った内容を含んでいる」という箇所がわかりづらいことに気がつきましたか？
もしも,設問文の前半は本文の内容どおりのことが書かれ,後半は本文の内容と逆のことが書かれていた場合があるとします。すると,「正しい内容を含んでいる」ので,選択肢Aともいえるし,「間違った内容を含んでいる」ので選択肢Bともいえるのです。
ですから,この選択肢を使用すると,回答に迷ってしまうことになります。

本書の読者は本書の選択肢を使って，実際のGABの言語能力検査でも回答するとよいでしょう。これこそ，超攻略法です！

●本書の勧めるGABの言語能力検査の選択肢●

A：本文から論理的に考えて明らかに正しい。

B：本文から論理的に考えて明らかに間違っている。

C：本文の情報だけでは正しいか間違っているかの判断はできない。

紙ベースのGABの言語能力検査だけではなく，Webテスト「玉手箱シリーズ」の「GAB形式の長文」でもこの選択肢が使用されています。

ＧＡＢ言　語

再現設問

⏱ 20問 10分

※実物の検査では，設問は52問で制限時間25分です。
※実物はマークシート方式ですが，本書では選択肢を丸で囲む形式にしています。

まず，【GAB言語能力検査の説明】（215ページ）を読みなさい。その後で，以下の長文を読んで，設問文一つ一つについてA・B・Cのいずれに該当するかを判断し，丸で囲みなさい。

長文 1

　私は，多くの国際的なイベントの実施や施設の建設に関わってきたため，日本人と外国人とのプレゼンテーション能力の差を実感することが多かった。最近は，プレゼンテーション・ツールが進歩したため，日本人のプレゼンテーション下手も徐々に改善されつつあるが，しばらく前までは天と地の差があったように思う。

　日本人のプレゼンテーションには，何となく「相手にわかってほしい」という甘えの構造があり，「パーフェクトに説明し切ろう」との気持ちそのものが弱いように思う。一方，欧米人のプレゼンテーションでは，「わからせてしまうぞ」といった意気込みを感じることが多い。「われわれの説明でわからないのは馬鹿だ!」とすら感じさせるほどの迫力である。

　さらに，欧米人は，実に多くの表現手段を活用してプレゼンテーションをする。これは，挨拶するときも頭を下げるだけの日本人と違って，握手，キスといった具合に身体全体を用いて，コミュニケーションを図ってきたことが大きく影響しているのだろう。

　以前，私がある企業のテーマパーク計画に参加した時のことである。多くの設計会社がそのコンペティションに参加したが，アメリカの設計企画会社の巧みなプレゼンテーションに圧倒された。

　その当時，多くの設計会社がイラストレーションを巧みにプレゼンテーションに用いるようになってはいたが，せいぜいそこまでであった。ところが，この会社の面々はアトラクションの出演者となって，身振り手振りを入れてプレゼンテーションを行った。口笛を吹くは，擬声を使うは，もの真似はするはといった熱演で，ほとんどの審査員がそのプレゼンテーションに引き込まれてしまったのである。

222 | Part ❷ GAB

▶▶ **解答・解説 232ページ**

> A：本文から論理的に考えて明らかに正しい。
> B：本文から論理的に考えて明らかに間違っている。
> C：本文の情報だけでは正しいか間違っているかの判断はできない。

問1 欧米人は，プレゼンテーション能力に自信を持っている。

問2 日本人は，挨拶するときは頭を下げるだけであるが，プレゼンテーションのときには「われわれの説明でわからないのは馬鹿だ！」と感じさせる迫力がある。

問3 欧米人は多様な手法でプレゼンテーションをする。

問4 日本人のプレゼンテーションには甘えの構造があり，日本人のプレゼンテーション能力の低さは改善の余地がない。

問1	A ・ B ・ C	問2	A ・ B ・ C
問3	A ・ B ・ C	問4	A ・ B ・ C

言　語 － 再現設問｜**223**

言　語

長文 2

　最近，青空をしみじみ眺めたのはいつのことだろう。あるいは海岸で，片手には酒，片手には旨いイワシの丸干し，正面には沈む夕日。そして盃に口を運ぶ……。こんな経験をしたのはいつのことだろうか。

　森や山，川や林，月や雨と人との出会いは，かつて人間がまだ自然と親しかった昔には，どこででも見られた風景であった。人の生活と自然は溶け合い一体となって，さまざまな感動に満ちあふれていた。しかし，自然と接する機会の少なくなった現代では，そうした感情も薄らいでいる。

　山の中で二～三日も生活すれば，誰でも，体全体で自然を実感できるものである。最初は谷川のせせらぎの音が耳ざわりで眠れないこともあるが，いつの間にか慣れて，むしろ心地よい子守歌のように感じられてくる。

　散歩も，自然とのたわむれを大切にしたい。季節はずれの食べ物より旬の味がよいように，自然の摂理を感じながらの散歩は楽しい。

　日が昇り，気温が上がり，夕暮れが来る。雨の日も風の日もある。去る季節もあれば訪れる季節もある。その自然の営みを素直に感じ，その移ろいの中で，楽しさや面白さ，感動などを素朴に感じたい。

　極端に言えば，あるときに見た情景は，一生の間にもう二度と出会わない印象なのである。日々刻々と出会う景色は，生きている証なのである。だから，時の流れに身をまかせて生活していると，ごく自然に感動に出会えるのである。

　同じ風景でも，朝と夕方では全く印象が違ってくる。朝は，日差しが高くなるにしたがって温度が上昇し，空気中に水蒸気が放出され，もやや霞が出やすいから，風景は穏やかな感じになる。一方夕方は，温度が下がるごとに空気中の水蒸気が冷えて露となる。湿度を失った空気は風景を際立たせて見せることになる。

　同じようなことを季節で言えば，「春は曙……」であり，「夕空

>> 解答・解説 **233ページ**

に星もさやけく秋の空」になる理屈である。だから，桜の花は朝によく似合い，空気のおぼろげな春によく似合う。紅葉は，山の端に落ちかけた夕日によく似合うのである。

たった一日の時間の中でも，また季節の移ろいの中でもさまざまな表情を見せてくれる自然に感動しながら，散歩を楽しみたい。

A：本文から論理的に考えて明らかに正しい。
B：本文から論理的に考えて明らかに間違っている。
C：本文の情報だけでは正しいか間違っているかの判断はできない。

問5 現代人は，仕事の疲れをいやすためにも，散歩をして自然とたわむれたほうがよい。

問6 自然の営みを素直に感じて，時の流れに身をまかせて生活していると，ごく自然に感動に出会える。

問7 桜の花は，湿度を失った空気が風景を際立たせて見せるような情景に似合う。

問8 自然と溶け合った生活をして，感動の機会が増えると，自然と旬の味もわかるようになる。

問5	A ・ B ・ C	問6	A ・ B ・ C
問7	A ・ B ・ C	問8	A ・ B ・ C

言　語 － 再現設問 | **225**

言　語

長文 3

　私には兄，姉，二人の弟がいるが，彼らと私は，DNAレベル
では同じものを共有している可能性が十分にある。だが，後天的
な環境要因は，そんなふうに共有しがたいものだ。仮に，周囲，
そして本人たちが，同じ体験を共有していると信じて疑わないケー
スでさえそうなのだ。

　環境要因の中には，父，母，私，他の兄弟の一人一人にだけ訪
れ，作用するものがある。ある日あるとき，兄は友だちと海で泳
いでいるが，同じそのとき私は夢中になってクラリネットを吹い
ている。姉はピアノを弾いており，二人の弟は犬とじゃれ合って
いる。父や母ももちろん，それぞれまったく別の環境要因に出会
っているだろう。

　これを私は，環境要因の「特異選択性」と呼んでいる。環境要
因は絶対に，一人の特定の人間だけを選び，降りそそぐ。

　では，家族が食卓を囲み，同じテレビ番組を見る。このように，
明らかに同一の体験を共有しているように見えるケースはどうな
のか。

　しかしこのケースでも，本質的に事情は変わらない。同一に見
える環境要因が家族をとり囲んでいるけれど，一人一人占める場
所，テレビを見る角度，食事の進め方が違うだけでなく，各自の
テレビの見方，脳内の思考の過程も内容も，同一ではありえない。

　一人一人が同じ画面を見ながら別様に感じ，考える。つまり，
客観的には同一の環境要因が与えられても，それぞれの反応のし
かたは，違って当然なのだ。

　同じように，兄弟二人が一緒に犬とじゃれ合うときも，楽しい
という感情はたしかに共有できるが，その愉快な遊びが，脳にど
んな痕跡を刻み，どんな思い出として残っていくかは，まったく
わからない。それぞれが勝手に，自由に考えることだからである。

　二人が，子ども部屋で机を並べて勉強するケースでも，その結
果は予測しがたい。はた目には同じ教育環境が与えられているが，
学習心理の過程はおのずと異なり，当然成果も別のものになって

▶▶ **解答・解説 234ページ**

いくからだ。
　人生はこうした環境要因のおびただしい集積である。だから，DNAがいかに共通だろうが，長い時間一緒に暮らしていようが，一人一人別の人生を歩み，別の人間にならざるをえないのだ。

A：本文から論理的に考えて明らかに正しい。
B：本文から論理的に考えて明らかに間違っている。
C：本文の情報だけでは正しいか間違っているかの判断はできない。

問9　環境要因が共有しがたい理由の一つは，DNAの共通性にある。

問10　一緒に犬と遊んでも，どんな思い出になるかは，人それぞれだ。

問11　兄は海で泳ぎ，私はクラリネットを吹くといった具合に，家族が各自，好きなことをするのはよいことだ。

問12　もしも，客観的に同一の環境要因だけを与えられたら，同じタイプの人間になるだろう。

問9	A ・ B ・ C	問10	A ・ B ・ C
問11	A ・ B ・ C	問12	A ・ B ・ C

言　語 － 再現設問 | **227**

言　語

長文 4

　　今日の時代は，明らかに，工業化社会から情報化社会へ，あるいは情報化社会から脱情報化社会（＝創造化社会）へと大きく変わっている。こうした時代の変わり目に，工業化社会のものの考え方，見方で，情報化社会を見ていくと大きく間違えることになる。違った社会や世界は違った目で見ることが必要とされるのである。

　　ちょうど，それに対し自然界には良い例がある。それは水すましという生き物である。この水すましは四つの目を持っており，空気中を見る目が二つ，水中を見る目が二つである。なぜであろうか。多くの生物というものは，これ以上自分の天敵に近づかれたら逃げられない距離を持っている。それを生きられる距離（ライフ・ディスタンス）という。

　　例えば，キリンのライフ・ディスタンスの話である。ちょっと目をつぶって想像してほしい。今，アフリカの大草原に，キリンの群れが草を食べているという光景をイメージしてみよう。一頭だけが見張りで周囲をキョロキョロ見ている。この見張りのキリンの視界の中にキリンの天敵のライオンが入った。ところがすぐに逃げろという合図を出すかというとこれが出されない。なぜならば，そんなことをしていたらとても食べる時間がなくなってしまうからである。したがって，キリンがライオンから逃げられない距離，ライフ・ディスタンスの中に入ろうとする瞬間に逃げろという合図を出すわけである。

　　水すましというのは，水辺に生きていて，水中にいる時は魚に狙われたり，あるいは水面上にいる時は空気中にいる鳥や，さまざまなものに狙われる可能性がある。まさしく，水すましという生き物は空気中と水中の両方に天敵を持つから，両方において，ライフ・ディスタンスというものを正確に測らなければ生きていけない。それゆえ，水すましは空気中を正しく見る目を二つ，水中を正しく見る目を二つ持っているのである。そして脳の中で，それを調整して正確に周囲が見えるようになっている。だからこ

> ▶▶ 解答・解説235ページ

> そ種として滅びないで存続しているのである。
>
> それと同様に，工業化社会のビジネスのやり方と情報化社会の
> ビジネスのやり方というものはかなり変わってくる。それゆえ，
> ぜひ，二つの目を水すましのように身に付けて，それを活用して
> ほしいものである。

> A：本文から論理的に考えて明らかに正しい。
> B：本文から論理的に考えて明らかに間違っている。
> C：本文の情報だけでは正しいか間違っているかの判断はできない。

問13 時代の変わり目には，水中と砂中を正しく見る水すましのように，違った社会や世界を違った目で見ることが必要だ。

問14 ライオンには，ライフ・ディスタンスは必要ない。

問15 見張りのキリンが，ライオンからぎりぎり逃げられるところで合図を出すのも，水すましが4つの目を持っているのも，ライフ・ディスタンスに関係がある。

問16 ビジネスでも，天敵を見極めることが大切だ。

問13	A ・ B ・ C	問14	A ・ B ・ C
問15	A ・ B ・ C	問16	A ・ B ・ C

言　語 － 再現設問｜**229**

言 語

長文5

　ある時，私のところにアメリカのボストン大学を卒業し，海外のシティバンク等で働いていた日本人青年から電話があって，「もう一度MBAへ入学したいので，その推薦書をいただけないだろうか」という相談がもちかけられた。その際，その青年から，「下書きは，自分の方でしますので，手を入れて下さい」との申し入れがあった。忙しい時だったので，私は「それは有り難い。そうして下さい」と答えた。

　しばらくしてその青年は，英語それも私より遙かに上等な英語で自らの能力をアピールする推薦書を書いて持ってきた。彼は高校から単身でアメリカに留学しており，英語力もネイティブと変わらないくらいであるが，それ以上にメンタリティもアメリカ的で，実に見事に自らをアピールしていた。

　即ち，自らの行った仕事一つ一つを取り上げ，自分のどのような能力が，それぞれの仕事において成果に結びついていったのか，その因果関係を明示し，自らの能力をアピールしていたのであった。

　日本人が自分自身を推薦する文書を見ても，自らをこのように巧みにアピールするケースはほとんどない。ただ，私はこういう能力があるのではないか，こういった仕事をしました，といったことがバラバラに書かれていることが多い。その点，彼の推薦書には，その人物の能力と仕事の成果とがよくわかるように書かれており，実に見事であった。

　さて私は，この青年の話をしたいのではなく，彼が身につけた自己宣伝能力が，欧米人の生き方の中では基本となる能力であることを指摘したかったのである。

　欧米では，就職時の提出書類に学歴を記さないケースも出ているが，日本と比べて転職の多いこともあって，自らの宣伝をしない限りその人の能力はわからないので，そうした自己宣伝の技術が発達したのであろう。決して嘘の内容ではなく，それでいながらギリギリまで自分の能力を巧みに宣伝する技術は実に見事である。

▶▶ 解答・解説 236ページ

A：本文から論理的に考えて明らかに正しい。
B：本文から論理的に考えて明らかに間違っている。
C：本文の情報だけでは正しいか間違っているかの判断はできない。

問17 青年が作った推薦書は見事だったので，何も手直しをしなかった。

問18 筆者が，青年の書いた推薦書を高く評価した理由は，英語の能力が高かったことに尽きる。

問19 日本人の自己推薦文書では，能力と仕事の成果が関係づけられていないことが多い。

問20 日本でも英語の上手な人が増えれば，自己宣伝の技術が発達するだろう。

| 問17 | A ・ B ・ C | 問18 | A ・ B ・ C |
| 問19 | A ・ B ・ C | 問20 | A ・ B ・ C |

言　語 － 再現設問 | **231**

解答・解説

長文 1

問 1 欧米人は，プレゼンテーション能力に自信を持っている。

正解：C

　本文には，日本人と欧米人との間にプレゼンテーション能力の差があることは書かれていますが，欧米人が，自分のプレゼンテーション能力について，どう考えているかは記述がありません。ですから，本文だけでは，設問文が正しいかどうか判断できません。

問 2 日本人は，挨拶するときは頭を下げるだけであるが，プレゼンテーションの時には「われわれの説明でわからないのは馬鹿だ！」と感じさせる迫力がある。

正解：B

　迫力あるプレゼンテーションをするのは，欧米人です。日本人は，「『パーフェクトに説明し切ろう』との気持ちそのものが弱い」と書かれているので，迫力がないことがわかります。設問文は明らかに間違いです。

問 3 欧米人は多様な手法でプレゼンテーションをする。

正解：A

　本文には「欧米人は，実に多くの表現手段を活用してプレゼンテーションをする」と書かれているので，設問文は正しい内容です。

問 4 日本人のプレゼンテーションには甘えの構造があり，日本人のプレゼンテーション能力の低さは改善の余地がない。

正解：B

　前半の甘えの構造は，本文に同様の記述がありますが，後半は，本文に「日本人のプレゼンテーション下手も徐々に改善されつつある」とあるので，「改善の余地がない」と記述している設問文は明らかに間違いです。

232 | Part ❷ GAB

長文 2

問 5 現代人は，仕事の疲れをいやすためにも，散歩をして自然とたわむれたほうがよい。

__正解：__**C**

　仕事の疲れのことは，本文には登場しません。ですから，本文だけでは，設問文が正しいかどうか判断できません。

問 6 自然の営みを素直に感じて，時の流れに身をまかせて生活していると，ごく自然に感動に出会える。

__正解：__**A**

　本文に「自然の営みを素直に感じ，その移ろいの中で，楽しさや面白さ，感動などを素朴に感じたい」，「時の流れに身をまかせて生活していると，ごく自然に感動に出会える」という記述があるので，設問文は正しい内容です。

問 7 桜の花は，湿度を失った空気が風景を際立たせて見せるような情景に似合う。

__正解：__**B**

　設問文に書かれている情景は，本文には，夕方の特徴として記されています。そして，桜の花のことは，「朝によく似合い」とあり，朝の特徴としては，「日差しが高くなるにしたがって温度が上昇し，空気中に水蒸気が放出され，もやや霞が出やすいから，風景は穏やかな感じになる」と記されており，設問文の記述とは明らかに異なります。ですから，設問文は明らかに間違いです。

問 8 自然と溶け合った生活をして，感動の機会が増えると，自然と旬の味もわかるようになる。

__正解：__**C**

　旬の味のことは，本文には「季節はずれの食べ物より旬の味がよい」というたとえ話で登場するだけです。ですから，本文だけでは，設問文が正しいかどうか判断できません。

言 語

長文 3

問 9 環境要因が共有しがたい理由の一つは，DNAの共通性にある。

正解：B

　本文には，「一人一人が同じ画面を見ながら別様に感じ，考える。つまり，客観的には同一の環境要因が与えられても，それぞれの反応のしかたは，違って当然」とあります。ですから，環境要因が共有しがたいのは，各自の感じ方が違うためで，DNAの共通性とは関係ありません。DNAの共通性と関係がないことは，「DNAがいかに共通だろうが…別の人間にならざるをえない」という箇所からもわかります。ですから，設問文は明らかに間違いです。

問10 一緒に犬と遊んでも，どんな思い出になるかは，人それぞれだ。

正解：A

　本文に「兄弟二人が一緒に犬とじゃれ合うときも，楽しいという感情はたしかに共有できるが，…どんな思い出として残っていくかは，まったくわからない。それぞれが勝手に，自由に考えることだからである」と記述されているので，設問文は正しい内容です。

問11 兄は海で泳ぎ，私はクラリネットを吹くといった具合に，家族が各自，好きなことをするのはよいことだ。

正解：C

　本文には，家族が別の環境要因に出会う一例として，海やクラリネットのことが書かれていますが，それがよいことなのかどうかについては，記述がありません。つまり本文だけでは，設問文が正しいかどうか判断できません。

234 | Part ❷ GAB

問12 もしも，客観的に同一の環境要因だけを与えられたら，同じタイプの人間になるだろう。

正解：B

　本文には「客観的には同一の環境要因が与えられても，それぞれの反応のしかたは，違って当然」と書かれています。そして，「人生は…環境要因の…集積…別の人間にならざるをえない」と書かれています。つまり，客観的な環境要因が同じでも，主観的な環境要因，つまり感じ方は異なるため，別の人間になるということですから，設問文は明らかに間違いです。

長文 4

問13 時代の変わり目には，水中と砂中を正しく見る水すましのように，違った社会や世界を違った目で見ることが必要だ。

正解：B

　本文に「時代の変わり目に…違った社会や世界は違った目で見ることが必要」という記述があるので，設問文のうち「時代の変わり目には」「違った社会や世界を違った目で見ることが必要だ。」という箇所は正しいことがわかります。残りの水すましの記述について，本文を見ると「空気中を正しく見る目を二つ，水中を正しく見る目を二つ」とあります。つまり，設問文の「砂中」という記述は間違いです。ですから，設問文は明らかに間違いです。

問14 ライオンには，ライフ・ディスタンスは必要ない。

正解：C

　ライフ・ディスタンスについて，本文では「多くの生物というものは…持っている」と書かれています。「多くの生物」とは書かれていますが，その中にライオンが入っているかどうかや，必要かどうかは記述がありません。ですから，本文だけでは，設問文が正しいかどうか判断できません。

言　語

問15 見張りのキリンが，ライオンからぎりぎり逃げられるところで合図を出すのも，水すましが4つの目を持っているのも，ライフ・ディスタンスに関係がある。

正解：A

　見張りのキリンが合図を出すタイミングについて，本文には「ライフ・ディスタンスの中に入ろうとする瞬間に逃げろという合図を出す」とあり，設問文の前半部分と一致します。また，水すましに関しては，「四つの目を持っており」という記述があり，その理由として「多くの生物というものは，これ以上自分の天敵に近づかれたら逃げられない距離を持っている。それを生きられる距離（ライフ・ディスタンス）という」とあり，目の数も，ライフ・ディスタンスに関係があるという点でも，設問文と一致します。

問16 ビジネスでも，天敵を見極めることが大切だ。

正解：C

　本文では，転換期におけるビジネスのやり方として，自然界の例を挙げていますが，ビジネスにおける天敵の見極めについては，記述がありません。ですから，本文だけでは，設問文が正しいかどうか判断できません。

長文 5

問17 青年が作った推薦書は見事だったので，何も手直しをしなかった。

正解：C

　本文の「私より遥かに上等な英語で」，「実に見事に自らをアピール」などから，筆者が推薦書を優れていると評価していることがわかります。ただし，その後，手直しをしたかどうかについては，何も記述がありません。ですから，本文だけでは，設問文が正しいかどうか判断できません。

236 | Part ❷ GAB

問18 筆者が，青年の書いた推薦書を高く評価した理由は，英語の能力が高かったことに尽きる。

正解：B

　本文では，青年の推薦書について「英語力もネイティブと変わらないくらい」と評価しつつ，続いて「それ以上にメンタリティもアメリカ的で，実に見事に自らをアピール」と記述しています。つまり，青年の推薦書が評価されたのは，英語力だけでなく，自己宣伝能力が高いためです。ですから，設問文は明らかに間違いです。

問19 日本人の自己推薦文書では，能力と仕事の成果が関係づけられていないことが多い。

正解：A

　日本人が書いた「自分自身を推薦する文書」について，本文には「私はこういう能力があるのではないか，こういった仕事をしました，といったことがバラバラに書かれていることが多い」と書かれています。

　能力と仕事の成果とがバラバラに書かれるということは，関係づけられていないということですから，設問文の内容は本文に一致します。

問20 日本でも英語の上手な人が増えれば，自己宣伝の技術が発達するだろう。

正解：C

　本文には英語の上手な人が増えたら，自己宣伝技術が発達するかどうかについては記述がありません。ですから，本文だけでは，設問文が正しいかどうか判断できません。

言　語 － 解答・解説 | **237**

Part ③

CABとGABの
性格検査OPQ

- *CABとGABで共通して使われている。*
- *30の尺度で構成。*

概要

性格検査OPQは，SHL社製の適性検査「CAB」と「GAB」で共通して使われています。

性格検査OPQでは，4つの質問文が1セットになっていて，全部で68セット出題されます。

4つの質問文の中から「自分に最もあてはまるもの」を1つ選んで「YES」欄にマークし，「自分に最もあてはまらないもの」を1つ選んで「NO」欄にマークする形式です。

標準回答時間は約30分です。

性格検査OPQの再現問題

自分の性格の特徴を見極めて、4つの質問文の中から「自分に最もあてはまるもの」を1つ選んで「YES」と回答し、「自分に最もあてはまらないもの」を1つ選んで「NO」と回答します。
4つの質問文が1セットです。全部で68セット出題されます。

問題番号		質問文
1	A	新しいものを人に勧めるのが上手い
	B	人を使うのが上手い
	C	物事は自分の思い通りにやるほうだ
	D	注目をあびるのが好きだ

性格検査OPQの尺度

　性格検査OPQでは、単純にすべての尺度が高ければよいというわけではありません。尺度が低いほうがよい場合もあります。
　企業によって「どの尺度が高いほうがよい」のか、「どの尺度が低いほうがよい」のかは異なります。
　企業研究をして、志望する企業の採用基準を予測することが重要です。

　性格検査OPQがどのような尺度で測定されているか、どのような質問文が出題されるかを次ページに一覧表にしました。

性格検査OPQの尺度表

※質問例に「YES」と回答するとその尺度が高くなり，「NO」と回答するとその尺度が低くなります。

尺度	定義	質問例
説得力	人を説得することを好む傾向	・新しいものを人に勧めるのがうまい ・交渉ごとが苦にならない ・企画の売り込みに自信がある
指導力	人を指導することを好む傾向	・人を使うのがうまい ・チームをまとめるのがうまい ・人に指示を出すのがうまい
独自性	他人の影響を受けず，自分で考え行動することを好む傾向	・物事は自分の思い通りにやるほうだ ・周りの評価は気にならない ・こだわりが強いほうだ
外向性	外向的で，社交的なことを好む傾向	・注目をあびるのが好きだ ・人が集まるところで中心となるほうだ ・冗談を言って周りを楽しませる
友好性	友達が多く，大勢の人といることを好む傾向	・仲間と一緒にいるのが好きだ ・何でも話せる友人が多い ・友人と一緒に物事をやることが多い
社会性	世慣れしていて，人前でも気後れしない傾向	・気楽にスピーチができる ・公的な場で挨拶をするのが得意だ ・人前での発表が苦にならない
謙虚さ	人に対して謙虚にふるまい，誰とでも同じようにつきあう傾向	・自分の成果をあまり話題にしない ・控えめなほうだ ・社会的な地位に無頓着だ
協議性	人に意見を聞きながら物事を進める傾向	・人に意見を求める ・他人の意見を聞いて物事を進める ・友人と相談して方針を立てる
面倒見	思いやりがあり，人の面倒をみることを好む行動をとる	・個人的な相談にも親身になる ・相談ごとには進んでのる ・後輩の面倒見がよい
具体的事物への関心	物を直したり作ったりすることを好む傾向	・物を修理するのが好きだ ・調子の悪い機械もうまく使う ・あれこれ言うより実際にやってしまう

尺度	定義	質問例
データへの関心	データにそって考えることを好む傾向	・統計などのデータを扱うのが好きだ ・表を作ったりするのが好きだ ・数字を扱う仕事が好きだ
美的価値への関心	美的なものや芸術的なことを好む傾向	・デザインには敏感だ ・美術や音楽が好きだ ・美的なセンスには自信がある
人間への関心	人の行動の動機や背景を分析することを好む傾向	・人のことを分析するほうだ ・他人の行動の動機がわかる ・人の行動をよく観察する
オーソドックス	すでにある価値観を大切にし，やり慣れた方法で物事をおこなうことを好む傾向	・実績のある確実な方法をとる ・古い価値観を尊重する ・保守的なほうだ
変化志向	変化を求め，変化を受け入れることを好む傾向	・新しいことをやるのが好きだ ・海外旅行が好きだ ・経験がないことでもやってみる
概念性	知識欲があり，論理的に考えることを好む傾向	・論理的な思考ができる ・分析的な仕事が好きだ ・筋道を立てて物事を考える
創造的	新しい工夫を加えることを好む傾向	・新しいことを思いつく ・独創性がある ・優れたアイデアを出せる
計画性	先を考えて物事を予想し，計画的におこなうことを好む傾向	・前もって計画を立てる ・先が読める ・前もって対策を講じるほうだ
緻密	正確に順序だてておこなうことを好む傾向	・細かい間違いはほとんどしない ・正確さを要求されることが好きだ ・細かいことにも注意をはらう
几帳面	几帳面に最後まで物事をやりとげることを好む傾向	・物事は最後までやりぬく ・締め切りを守る ・物事を途中で投げ出さない
余裕	常にリラックスして，ストレスに負けない傾向	・気持ちの切り換えが早い ・滅多にいらいらしない ・ストレスをうまく対処できる
心配性	物事がうまく進まないと不安を感じ，大事な約束や行事の前には緊張する傾向	・予定通りにいかないと気になる ・悩み事があるとくつろげない ・大事な打ち合わせの前には気が高ぶる

CAB
GAB
性
格

CABとGABの性格検査OPQ | 243

尺度	定義	質問例
タフ	人が自分をどう考えようと気にしない傾向	・人にどう思われているかはあまり気にしない ・中傷されても毅然とした態度をとる ・人の批判を気にしない
抑制	感情を表に出さない傾向	・感情的にならない ・怒りを抑えられる ・激昂しない
楽観的	物事を楽観的に考える傾向	・物事は良い方向に変わっていくと思う ・楽観的に考えて物事を進める ・問題がおきても楽観的に考える
批判的	批判的に物事を考え，議論・文章などの欠点に気がつく傾向	・議論の矛盾が見つけられる ・計画の不備に気がつく ・誰もが見落とした誤りに気がつく
行動力	運動を好み，素早い行動をとる傾向	・動作が俊敏だ ・余暇は活動的に過ごす ・体を鍛えることが好きだ
競争性	負けず嫌いな傾向	・勝負をするからには負けたくない ・相手をやり込めるのが好きだ ・戦わずに降参するのは嫌いだ
上昇志向	昇進することを重要視し，野心的な目標に向かって努力する傾向	・上昇志向が強い ・困難な目標も達成できる ・実力主義の社会が好きだ
決断力	素早く決断する傾向	・素早く答えを出す ・素早く状況を把握する ・リスクを伴う決断を下せる

あとがき

　就職活動は情報戦です。

　ネットや書籍には就職活動を圧倒的に有利にしてくれる「宝物のような情報」がゴロゴロころがっています。先輩の話や共に就職活動をしている友人の話も同様です。

　しかし、そういった情報をまったく探そうとしない人があまりに多い気がしています。

　探そうとしない人は、「忙しいから」「面倒だから」「本を買うお金がないから」とさまざまな理由をつけます。

　確かに、「宝物のような情報」の何倍もの量の「役に立たない情報」もころがっています。探すには手間と多少のお金が必要かもしれません。

　しかし、情報をどん欲につかんでいた人が、就職活動で成功しているのです。私たちが知っている「就職活動の成功者」は、例外なく多くの本を読み、多くの人と会って話をし、ネットで丹念に情報を調べていました。

　情報収集能力は社会人になってからも強力な武器になります。就職活動は人が成長する素晴らしいチャンスです！就職活動で成長できるかどうかは、情報・知識をどん欲に吸収したかにかかっています！

　ぜひとも、皆さんはどん欲に情報・知識を吸収して、就職活動を有意義に過ごしてください！

就活ネットワーク

編　者	就活ネットワーク

もともと塾講師や家庭教師をしていた学生たちが集まってできた集団。就職試験の情報を独自のネットワークで収集し，本書を作り上げた。

カバーデザイン　小谷野まさを
本文デザイン　　白川康治（あとらす二十一）

●本書の内容に関するお問合せについて

　本書の内容に誤りと思われるところがありましたら，お手数ですがまずは小社のブックスサイト（jitsumu.hondana.jp）中の本書ページ内にある正誤表・訂正表をご確認ください。正誤表・訂正表がない場合や，正誤表・訂正表に該当箇所が掲載されていない場合は，書名，発行年月日，お客様のお名前・連絡先，該当箇所のページ番号と具体的な誤りの内容・理由等をご記入のうえ，郵便，FAX，メールにてお問合せください。

　〒163-8671　東京都新宿区新宿1-1-12　実務教育出版　第二編集部問合せ窓口
　FAX：03-5369-2237　E-mail：jitsumu_2hen@jitsumu.co.jp
【ご注意】※電話でのお問合せは，一切受け付けておりません。
　　　　　※内容の正誤以外のお問合せ（詳しい解説・受験指導のご要望等）には対応できません。

CAB・GAB完全対策　　　　　　　　　　　　［2026年度版］

2023年12月31日　初版第1刷発行　　　　　　　　　　　　　　〈検印省略〉

編　者　就活ネットワーク
発行者　小山隆之

発行所　株式会社 **実務教育出版**
　　　　　〒163-8671　東京都新宿区新宿1-1-12
　　　　　☎編集　03-3355-1812　　☎販売　03-3355-1951
　　　　　振替　00160-0-78270

組　版　あとらす二十一／森の印刷屋
印　刷　シナノ印刷
製　本　ブックアート

©JITSUMUKYOIKU-SHUPPAN　2023　　　本書の内容・問題等は無断転載を禁じます。
ISBN 978-4-7889-8362-5 C0030　Printed in Japan
乱丁，落丁本は本社にておとりかえいたします。

【CAB暗号の指令内容】

- この「CAB暗号の指令内容」を切り取り，見やすい場所に置いて，暗号の設問に答えなさい。

これから，CABの暗号について説明を行います。

四角の中に図形が入っています。

丸の中に，図形を変化させる暗号が入っています。

たとえば，例1の場合は，「暗号」の役割は「図形の向きを上下逆にする」です。

例1

たとえば，例2の場合は，「暗号」の役割は「塗りつぶしの白黒を反対にする」です。

例2

注意点1

設問中に，黒と白の2種類の矢印が使われています。「暗号」は同じ種類の矢印のみで連続して働きます。

違う種類の矢印の連鎖は意味を持ちません。

たとえば，以下の暗号図であれば，白い矢印①・②・③と進むことはできますが，白い矢印①を進んだ後に，黒い矢印⑤へ進むことはできません。

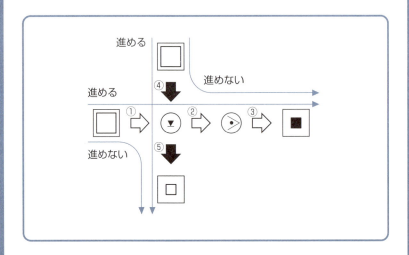

注意点2

1つの暗号図とそれに連なる3つの設問で，1つのブロックを形成しています。

暗号はそれぞれのブロックの中でのみ同じ意味を持ちます。

よって，別のブロックでは暗号は前のブロックと異なる意味を持ちます。

【GAB計数の表】

K商事					
	2010年	2011年	2012年	2013年	2014年
資本金 （千円）	1,033,700	1,134,200	1,381,800	1,645,000	1,746,500
売上対資本金の割合	1.5：1	1.5：1	1.4：1	1.4：1	1.5：1
税引前利益 （千円）	217,700	239,100	276,900	290,600	408,300

国別統計 （2013年）	登録車両台数 （100万台）	人口 （100万人）	面積 （1000平方キロ）	GDP （10億ドル）	ガソリン価格 （$／リットル）	農業就業率 （%）
L国	20.1	64.3	652.7	758	0.39	7.9
G国	26.2	73.7	298.4	1110	0.35	6.2
S国	12.5	45.2	605.9	240	0.40	13.9
W国	2.8	7.7	49.6	150	0.32	6.5
B国	3.4	11.9	36.6	150	0.34	4.3

発電所名	発電容量 （メガワット）	固定費用 （100万ドル）	変動費用 （$／メガワット）	発電容量の使用率*
ゼータ	3000	25	150000	52.0%
イータ	2400	15	200000	75.0%
シータ	1200	75	50000	95.0%
カッパ	1800	90	70000	55.0%
ラムダ	1500	150	80000	12.0%

＊1年間（2013）

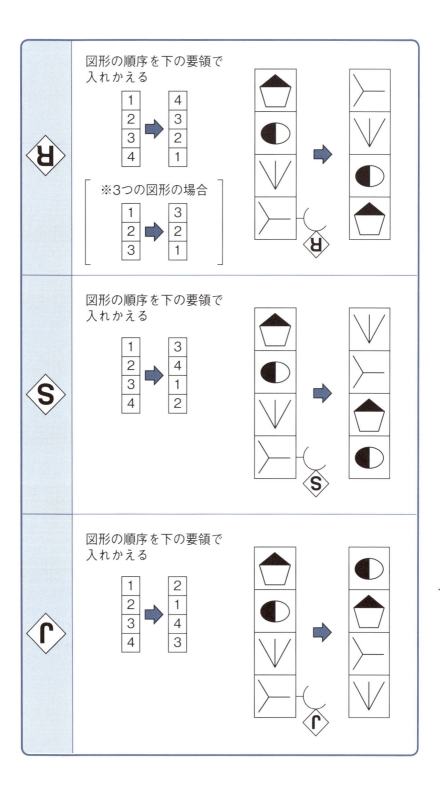

【CAB命令表】

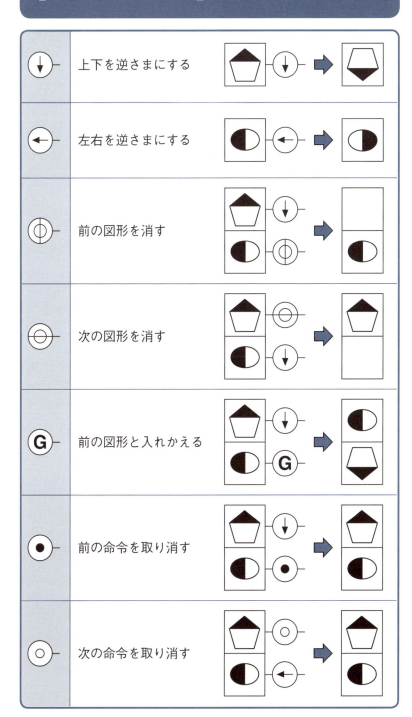

平均余命（簡易生命表）		
年齢	男	女
生後すぐ	78.3	85.2
5歳	73.6	80.5
20歳	58.8	65.6
50歳	30.4	36.5
80歳	8.2	11.0

年	年間の物価上昇率 (1月〜12月)	年初めのマグロ価格指数
2007	10%	100
2008	16%	133
2009	20%	146
2010	10%	111
2011	30%	129

2013年の学部別受験数

	男子		女子	
	人数	%	人数	%
文学部	6,905	22.3	6,045	32.3
法学部	1,182	3.8	1,785	9.5
商学部	12,046	38.9	2,757	14.7
理学部	8,508	27.5	6,410	34.2
その他	2,310	7.5	1,725	9.2
合　計	30,951	100.0	18,722	100.0

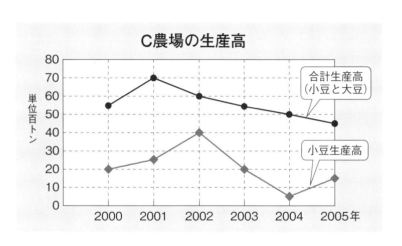